essentials

Nicole Susann Roschker

Psychische Gesundheit in der Arbeitswelt

Soziale und ökonomische Relevanz für Gesellschaft und Unternehmen

Nicole Susann Roschker
Centre for Sustainability Management
Leuphana Universität
Lüneburg
Deutschland

ISSN 2197-6708 ISSN 2197-6716 (electronic)
ISBN 978-3-658-04415-2 ISBN 978-3-658-04416-9 (eBook)
DOI 10.1007/978-3-658-04416-9

Die Deutsche Nationalbibliothek verzeichnet diese Publikation in der Deutschen National-bibliografie; detaillierte bibliografische Daten sind im Internet über http://dnb.d-nb.de abrufbar.

Springer Gabler

Springer Gabler ist eine Marke von Springer DE. Springer DE ist Teil der Fachverlagsgruppe Springer Science+Business Media
www.springer-gabler.de

Vorwort

Das Thema psychische Gesundheit in der Arbeitswelt ist aufgrund des eklatanten Anstiegs der Zahl der Erkrankten und der damit verbundenen ökonomischen und sozialen Folgen inzwischen zu einem hochrelevanten gesellschaftlichen Issue avanciert. Experten aus Wissenschaft und Praxis dokumentieren seit über zehn Jahren die stetige Zunahme von psychischen Erkrankungen sowie die komplexen Zusammenhänge zwischen Arbeitsbedingungen und dem Gesundheitszustand von Beschäftigten.

Meinungsführermedien greifen die Problematik in Form einer Burnout-Debatte seit einiger Zeit verstärkt auf. Dennoch hat sich in der Arbeitswelt ein ganzheitliches Verständnis von Gesundheit, das physische und psychische Gesundheit gleichermaßen umfasst, noch nicht durchgesetzt.

Politik, Gewerkschaften und Arbeitgeberverbände haben sich nun öffentlich auf ein gemeinsames Grundverständnis zum Umgang mit psychischen Belastungen im Zusammenhang mit dem Arbeitsleben verständigt. Psychische Belastungen sollen im Rahmen des Arbeitsschutzes zukünftig ebenso ernst genommen werden wie physische Belastungen. Die aktuelle Novellierung des Arbeitsschutzgesetzes führt dementsprechend nun psychische Belastungen explizit im Rahmen der für Arbeitgeber verpflichtenden Gefährdungsbeurteilung auf. Ob die Konkretisierung gesetzlicher Vorgaben und weitere Maßnahmen letztendlich mit dazu beitragen, dass Erwerbstätige weniger unter arbeitsbedingtem Stress leiden und seltener krank werden, wird sich zeigen.

Die vorliegende Publikation fasst die ökonomischen und sozialen Folgen psychischer Erkrankungen von Erwerbstätigen kurz und prägnant zusammen und erläutert, warum der schonende Umgang mit der Ressource Mensch nicht nur essentiell für eine nachhaltige und damit verantwortungsvolle Unternehmensführung, sondern auch für eine zukunftsfähige gesellschaftliche Entwicklung ist. Sie legt darüber hinaus dar, weshalb das Thema Mitarbeitergesundheit ganzheitlich betrachtet werden und als Wettbewerbs- und Risikofaktor bei der Bewertung von Unternehmen eine wesentlich stärkere Rolle spielen sollte und warum Unternehmen ihre Anspruchsgruppen im Rahmen ihrer Berichterstattung über den Gesundheitszustand ihrer Belegschaft sowie Programme und Maßnahmen diesbezüglich informieren sollten.

Die Veröffentlichung stellt einen überarbeiteten Auszug des Buches „Psychische Gesundheit als Tabuthema in der Arbeitswelt. Analyse der DAX 30 und Leitfaden für die Unternehmensberichterstattung" dar, welches im Juni 2013 bei Springer Gabler erschienen ist. Wesentliche Elemente eines nachhaltigen Personal- und eines Betrieblichen Gesundheitsmanagements (BGM) werden hier ebenso dargestellt wie bestehende Reporting-Vorgaben und Kodizes, die das Thema Mitarbeitergesundheit in unterschiedlicher Weise adressieren. Eine Benchmark-Analyse der Berichterstattung der DAX-30-Unternehmen zeigt auf, ob und in welchem Umfang diese das Thema bereits in ihre Berichterstattung integriert haben. Ein praxisorientierter Leitfaden zur Integration des Themas psychische Gesundheit in die Unternehmensberichterstattung rundet die Publikation ab.

Vorbemerkung

Aufgrund der besseren Lesbarkeit wird in der Arbeit auf eine durchgängige Verwendung femininer und maskuliner Formen verzichtet, beide Geschlechter sind aber gleichermaßen gemeint und angesprochen.

Frankfurt am Main
im Oktober 2013

Nicole Susann Roschker

Inhaltsverzeichnis

Psychische Erkrankungen als Tabuthema in der Arbeitswelt

1

Psychische Belastungen haben in der Arbeitswelt stark zugenommen, allein in 2011 gab es aufgrund psychischer Erkrankungen in diesem Zusammenhang mehr als 59 Millionen. Arbeitsunfähigkeitstage (vgl. BMAS und BAuA 2013, 41). Der Stressreport Deutschland 2012, der im Januar 2013 von der Bundesanstalt für Arbeitsschutz und Arbeitsmedizin (BAuA) veröffentlicht wurde, dokumentiert erneut, worauf zahlreiche Experten aus Wissenschaft und Praxis seit über zehn Jahren hinweisen: Es bestehen komplexe Zusammenhänge zwischen Veränderungen der Arbeitswelt, der auffälligen Zunahme psychischer Belastungen und der Zahl der Erkrankten. Der Report zeigt zudem auf, dass alle Hierarchieebenen betroffen sind und das Problem branchenübergreifend auftritt (vgl. BAuA 2013a). Bundesarbeitsministerin Ursula von der Leyen nahm dies zum Anlass, um erneut darauf hinzuweisen, dass psychische Erkrankungen eines der drängendsten Probleme der Arbeitswelt seien (vgl. BMAS 2013a).

Die Arbeitnehmervertretungen fordern seit geraumer Zeit konkrete Maßnahmen zum Schutz der Beschäftigten von Bundesregierung und Arbeitgebern. Unter dem Motto „Gute Arbeit braucht klare Regeln" (IG Metall 2012a, 33) legte die IG Metall im Juni 2012 eine Anti-Stress-Verordnung vor, die die Verschärfung gesetzlicher Bestimmungen ebenso wie klare Handlungsvorgaben für Arbeitgeber und eine Sanktionierung bei Verstößen vorsieht. Psychische Störungen entwickelten sich offenkundig zu einer für die Arbeitswelt des 21. Jahrhunderts charakteristischen Volkskrankheit, so die IG Metall in der Anti-Stress-Verordnung (vgl. IG Metall 2012a, 19).

Trotz erdrückender Faktenlage ignoriere die Arbeitgeberseite, so Hans-Jürgen Urban, geschäftsführendes Vorstandsmitglied der IG Metall, dass die „Zeitbombe Arbeitsstress" in erheblichem Maße durch Arbeitsbedingungen mit verursacht werde und verweigere sich ganzheitlichen Gefährdungsbeurteilungen (vgl. IG Metall 2012a, 2). Im gesetzlichen Arbeitsschutz spielten psychische Belastungen

N. S. Roschker, *Psychische Gesundheit in der Arbeitswelt*, essentials, DOI 10.1007/978-3-658-04416-9_1, © Springer Fachmedien Wiesbaden 2014

bislang eine zu geringe Rolle, hier sei größerer Verpflichtungsdruck ebenso nötig wie konkrete Vorgaben zur Umsetzung, denn die geltenden Vorschriften des Arbeits- und Gesundheitsschutzes seien völlig unzureichend geregelt (vgl. IG Metall 2012a, 32 f.).

1.1 Mangelndes Problembewusstsein und Unsicherheit im Umgang mit Gefährdeten und Erkrankten

Im Arbeitsalltag werden psychische Belastungen und Störungen in der Tat noch weitgehend ignoriert und gelten als Tabuthema (vgl. Kleinschmidt 2011, 26; Hoyer und Leist 2011, 30 f.). „Wir verlieren in Deutschland sehr viel Zeit und sehr viel Geld, bis in den Betrieben erkannt wird, dass es nicht nur um Migräne oder psychisch bedingte Rückenleiden geht", äußerte Bundesarbeitsministerin Ursula von der Leyen diesbezüglich in der Frankfurter Rundschau. „70 % aller Betriebe machen hier kaum etwas und stehen dem Problem häufig noch hilflos gegenüber" (vgl. Sauer 2012). Nach wie vor kommt es zur Stigmatisierung psychisch Kranker, diese stoßen auf Ablehnung und Vorurteile, wodurch das persönliche Leiden vergrößert und die soziale Ausgrenzung verschärft wird (vgl. Mendel et al. 2010, 23 f.).

Experten verweisen vor diesem Hintergrund auf hohe Dunkelziffern im Hinblick auf die tatsächliche Zahl der Erkrankten. Führungskräfte wüssten meist nicht, wie sie Symptome erkennen könnten, und seien hilflos im Umgang mit Betroffenen. Erkrankte, die nach ihrer Rekonvaleszenz an ihren Arbeitsplatz zurückkehrten, würden nicht selten von Kollegen und Vorgesetzten ausgegrenzt (vgl. Mendel et al. 2010, 23 f.; Kissling und Mendel 2010, o.S.). Die Initaitive Gesundheit und Arbeit (iga) nennt eingeschränkte oder gänzlich fehlende Akzeptanz im Arbeitsumfeld insbesondere bei psychischen Erkrankungen als Ursache dafür, dass Beschäftigte trotz Erkrankung zur Arbeit gehen (vgl. Kramer 2013, 6 sowie Kap. 4.2.2).

Nach Angaben einer Studie der Deutschen Gesellschaft für Personalführung (DGFP) ist das Bewusstsein für psychische Beanspruchungen am Arbeitsplatz vor allem bei Führungskräften nach wie vor gering ausgeprägt (vgl. Sedlacek 2011, 20 f.). Wie Abb. 1.1 zeigt, sind 85 % der befragten Führungskräfte nach eigenen Angaben nicht in der Lage, psychische Beanspruchungen ihrer Mitarbeiter zu erkennen. 87 % wissen nicht, wie sie mit Erkrankten umgehen sollen, und mehr als die Hälfte (56 %) zieht es vor, über das Thema nicht zu sprechen.

Aus Abb. 1.1 verdeutlicht ebenso, dass Personalabteilungen im Hinblick auf psychische Erkrankungen im Arbeitsalltag besser informiert und sensibilisiert sind als Führungskräfte. Einer aktuellen Erhebung der DGFP zufolge führen Personalleiter

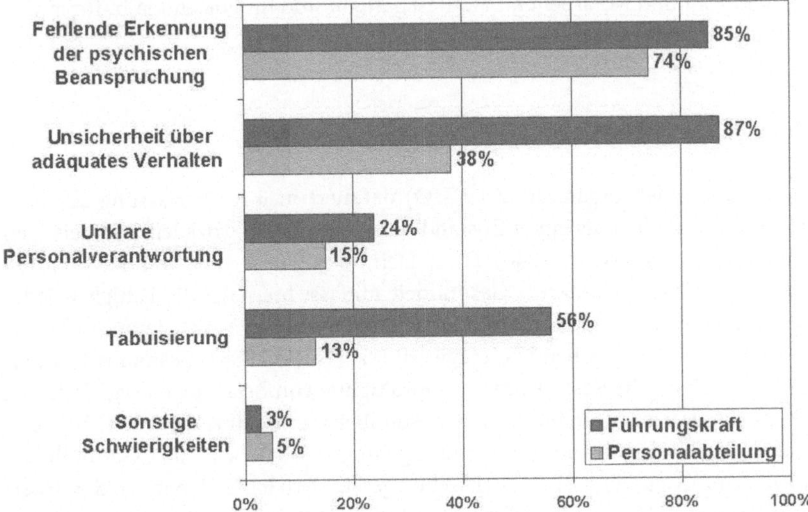

Abb. 1.1 Schwierigkeiten im Umgang mit psychisch beanspruchten Mitarbeitern. (Quelle: Sedlacek, Bronia (2011): Psychische Beanspruchung von Mitarbeitern und Führungskräften. Deutsche Gesellschaft für Personalführung (DGFP)(Hrsg.))

das Thema psychische Gesundheit als eines von zehn Trendthemen auf, mit welchen sie sich in den kommenden drei Jahren vorrangig beschäftigen werden (vgl. DGFP 2013, 11, Abb. 8). 68 % der befragten Personalmanager sind der Meinung, dass der Umgang mit psychischen Belastungen von Beschäftigten zukünftig sehr stark bis stark an Bedeutung gewinnen wird.

Ob sich die Diskrepanz zwischen dem Problembewusstsein der Personalmanager und dem tatsächlichen Umgang mit Erkrankten im Arbeitsalltag insbesondere durch Führungskräfte in näherer Zukunft erkennbar ändern wird, bleibt abzuwarten. Aktuelle Entwicklungen zeigen jedoch wie eingangs erwähnt, dass das Risikopotenzial psychischer Erkrankungen von Politik und Sozialpartnern offenbar erkannt wurde.

1.2 Begriffsdefinitionen

Termini, die im Beitrag häufig verwendet werden wie psychische Gesundheit, Burnout-Syndrom und Mitarbeiter, bzw. Beschäftigte sind im Folgenden in Ihrer Verwendung kurz erläutert.

1.2.1 Gesundheit

Die Weltgesundheitsorganisation (WHO) definiert in ihrer Verfassung aus dem Jahr 1946 Gesundheit als einen Zustand des körperlichen, sozialen und geistigen Wohlbefindens (vgl. WHO 1946). Diese Definition wurde 1986 von der WHO in der Ottawa-Charta erweitert – Gesundheit umfasst hiernach die Fähigkeit jedes Einzelnen, Gesundheitspotenziale auszuschöpfen und damit auf Herausforderungen der Umwelt entsprechend zu reagieren (vgl. WHO 1986). Gesundheitspotenziale sind individuelle Ressourcen zur Bewältigung von Belastungen (vgl. Riechert 2011, 44). Auf diesem ganzheitlichen Gesundheitsverständnis der WHO basieren nationale wie internationale gesetzliche Regelungen des Arbeits- und Gesundheitsschutzes, so z. B. das deutsche Arbeitsschutzgesetz (ArbSchG). Dennoch dominiert in der breiteren Öffentlichkeit bislang ebenso wie bei einer Vielzahl von Unternehmen ein Verständnis von Gesundheit im Sinne der Abwesenheit von Krankheit (vgl. Badura 2010, 15).

1.2.2 Psychische Gesundheit: Erkrankungen, Störungen, Belastungen, Beeinträchtigungen oder Behinderungen

Im Zusammenhang mit der Debatte über psychische Gesundheit in der Arbeitswelt wird eine Vielzahl unterschiedlicher Fachbegriffe verwendet. Dies ist der Tatsache geschuldet, dass sich verschiedene Disziplinen mit dem Thema befassen und bislang keine Vereinheitlichung der Termini stattgefunden hat. Den Begriff der psychischen Gesundheit definiert die WHO als Zustand des Wohlbefindens, in dem der Einzelne seine Fähigkeiten ausschöpfen, die normalen Lebensbelastungen bewältigen, produktiv und fruchtbar arbeiten kann und imstande ist, etwas zu seiner Gemeinschaft beizutragen (vgl. WHO 2011). Mit psychischen Erkrankungen bezeichnet die WHO psychische Gesundheitsprobleme und -belastungen sowie diagnostizierbare psychischen Störungen wie Schizophrenie und Depression (vgl. WHO 2012).

Der betriebliche Gesundheits- und Arbeitsschutz verwendet in diesem Zusammenhang die Termini psychische Belastungen und Beanspruchungen: Die Norm DIN ISO 10075-1 definiert psychische Belastungen wertneutral als Gesamtheit aller erfassbaren Einflüsse, die von außen auf den Menschen zukommen und psychisch auf ihn einwirken (vgl. Joiko et al. 2010, 8; Riechert 2011, 20). Als psychische Beanspruchung gelten nach o. g. Norm die Auswirkungen psychischer Belastungen auf das Individuum einschließlich seiner individuellen Bewältigungsstrategie. Sind die individuellen Ressourcen zur Bewältigung der Belastungen nicht ausreichend und damit die psychische Beanspruchung zu groß, kommt es zu psychischen Fehlbeanspruchungen, die sich z. B. in Form von Stress, psychosomatischen und psychischen Störungen oder dem Burnout-Syndrom äußern können (vgl. Joiko et al. 2010, 8; Riechert 2011, 22).

Die Sozialgesetzgebung spricht wiederum im Zusammenhang mit psychischer Gesundheit von Beeinträchtigungen oder Behinderungen (vgl. Riechert 2011, 7). Aufgrund der dargelegten Heterogenität der Termini wird der Begriff „psychische Erkrankungen" in diesem Beitrag nach Definition der WHO als Oberbegriff für Beeinträchtigungen der psychischen Gesundheit in Form von Ängsten, Depressionen, Persönlichkeitsstörungen und Erkrankungen verwendet, die als Folge arbeitsbedingter psychischer Fehlbelastungen zu Arbeitsunfähigkeit führen können (vgl. Riechert 2011, 46 f.).

1.2.3 Burnout-Syndrom

Psychische Erkrankungen in der Arbeitswelt werden vor allem in der Medienberichterstattung häufig als Pars pro Toto mit dem sog. Burnout-Syndrom gleichgesetzt. Entsprechend der Definition des Begriffs „Syndrom" lässt sich das Burnout-Syndrom als eine charakteristische Konstellation einer Vielzahl verschiedener Symptome mit ihren bi- und multilateralen Wechselwirkungen beschreiben, die im Komplex auftreten (vgl. Cassel-Gintz und Harenberg 2002, 7; Jung 2011, 22). Im Zusammenhang mit dem Burnout-Syndrom sind dies Symptome wie z. B. Schlafstörungen, eine Schwächung des körperlichen Immunsystems, Gereiztheit, Ermüdung und soziale Isolation, die kumuliert zu einem Zustand völliger körperlicher und seelischer Erschöpfung führen (vgl. Riechert 2011, 67).

Im Unterschied zu anderen psychischen Erkrankungen tritt das Burnout-Syndrom vor allem im Zusammenhang mit der Arbeitswelt auf (vgl. Riechert 2011, 68). Allerdings ist Burnout nach dem Klassifikationssystem für Krankheiten der WHO in seiner zehnten Überarbeitung (ICD 10) bis heute nicht offiziell als Krankheit anerkannt, da weder Begriff noch Krankheitsbild eindeutig definiert sind (vgl. Lanz

2010, 61). Die WHO ordnet Burnout als Einzeldiagnose Z 73 der Gruppe von Faktoren zu, die zu Schwierigkeiten bei der Lebensbewältigung führen (vgl. Riechert 2011, 67), und nicht der Gruppe der psychischen und Verhaltensstörungen.

Die bislang fehlende Definition und Abgrenzung wirkt sich erschwerend auf eine einheitliche Diagnostik und damit auch einheitliche Erhebung des Verbreitungsgrades von Burnout aus (vgl. Jung 2011, 23). Die Statistiken der Krankenkassen sind auf eine einheitliche Diagnostik der Ärzte angewiesen, um hier in valider Form Auskunft geben zu können. Die Erhebungen der Krankenkassen zeigen mit wenigen Ausnahmen meist das gesamte Spektrum psychischer Erkrankungen auf und fokussieren nicht auf die Diagnose Burnout.

1.2.4   Mitarbeiter und Beschäftigte

Die Termini werden in diesem Beitrag im Sinne des ArbSchG für abhängig Beschäftigte verwendet. Damit sind Angestellte mit unterschiedlichen Beschäftigungsverhältnissen wie Teilzeitkräfte oder befristet Beschäftigte ebenso wie Führungskräfte eingeschlossen. Letzteres ist aufgrund der Tatsache relevant, dass v. a. die untere und mittlere Führungsebene in starkem Maße Belastungsfaktoren ausgesetzt ist, die zu psychischen Erkrankungen führen können (vgl. Sedlacek 2011, 11).

Freie Mitarbeiter fallen nach § 5,1 Arbeitsgerichtsgesetz (ArbGG) nicht unter die Definition abhängig Beschäftigter, sondern gelten nach § 2,1 Heimarbeitsgesetz (HAG) als Heimarbeiter und profitieren damit nicht von den Schutzbestimmungen des ArbSchG. Dies ist angesichts der nachfolgend erläuterten Wandels der Arbeitswelt und der damit verbundenen Zunahme selbständiger und befristeter Beschäftigungsverhältnisse bemerkenswert und weist auf Schutzlücken für eine immer größere Gruppe von Erwerbstätigen hin.

Die nachfolgenden Kapitel dieses Beitrags zeigen, dass sich die eklatante Zunahme psychischer Erkrankungen in den letzten Jahren zu einem ökonomisch wie sozial gleichermaßen relevanten Thema entwickelt hat, welches nicht zuletzt durch eine intensive Medienberichterstattung auch von der breiteren Öffentlichkeit als gesellschaftliches Issue wahrgenommen wird. Insbesondere Unternehmen der Privatwirtschaft stehen unter zunehmendem Legitimitätsdruck, da sie als Mitverursacher gelten und entscheidend dazu beitragen können, einen großen Teil der Belastungsfaktoren zu reduzieren, die psychische Erkrankungen im Zusammenhang mit der Arbeitswelt fördern.

Burnout als Fokusthema der Medien und der Öffentlichkeit

Das Thema psychische Erkrankungen im Zusammenhang mit der Arbeitswelt wird in der Fachöffentlichkeit seit mehr als zehn Jahren dokumentiert und diskutiert. Seit dem Jahr 2010 greifen sog. Meinungsführermedien (vgl. Wilke 1999, 302; Kepplinger 2010, 199) wie überregionale Tageszeitungen, Magazine sowie etablierte Hörfunk- und TV-Sendungen die Problematik in verstärktem Maße auf.

Als meinungsführend gelten Medien, die neben der breiten Öffentlichkeit Entscheidungsträger aus Politik und Wirtschaft sowie Journalisten zu ihren Rezipienten zählen und damit nicht nur eine starke Multiplikatorenfunktion ausüben, sondern im Rahmen des sog. Agenda Setting auch Themen setzen (vgl. Bonfadelli und Friemel 2011, 181), die in der Öffentlichkeit diskutiert werden und damit soziale Relevanz erhalten. Zudem nehmen Meinungsführermedien Einfluss auf die Bewertung dieser Themen (Framing). Die Anzahl der Artikel und Beiträge zum Thema psychische Erkrankungen im Zusammenhang mit der Arbeitswelt hat seit dem Jahr 2010 stark zugenommen – dies zeigt eine Analyse der Berichterstattung von Meinungsführermedien der Jahre 2009 bis 2012, die im Fachbuch ausführlich dargestellt ist. Der Tenor der Berichterstattung für Arbeitgeber ist überwiegend negativ. Häufig verwenden die Medien den Begriff „Burnout" als Pars pro Toto für eine stark reduzierte Darstellung des eingangs geschilderten komplexen Sachverhaltes.

Das manager magazin veröffentlicht z. B. im Mai 2012 als Titelthema ein Burnout-Ranking der DAX 30 und führt auf, welche Unternehmen die meisten Betroffenen vorweisen. Die überregionalen Magazine Spiegel, Stern und Focus setzen das Thema Burnout im Jahr 2011 innerhalb weniger Monate insgesamt fünfmal auf den Titel. Die Süddeutsche Zeitung spricht von „Arbeitssklaven" oder einer „modernen Form der Ausbeutung durch Unternehmen" (Oechsner 2011), der Spiegel von Firmen, „die ihre Spitzenkräfte verbrennen" (Marquart 2011).

Die Frankfurter Allgemeine Zeitung berichtet von der „Volkskrankheit Burnout" und der „ausgebrannten Republik" (Astheimer 2012), nach Auffassung der Süddeutschen Zeitung tickt mit der rasanten Zunahme von Burnout eine „gesell-

N. S. Roschker, *Psychische Gesundheit in der Arbeitswelt*, essentials,
DOI 10.1007/978-3-658-04416-9_2, © Springer Fachmedien Wiesbaden 2014

schaftliche Zeitbombe" (SZ 2011). Die öffentlich-rechtlichen Rundfunkanstalten ARD und ZDF besetzen das Thema in Nachrichtensendungen wie in prominenten Talkshows. Maybrit Illner, Anne Will und Frank Plasberg lassen ebenso wie Sandra Maischberger Erkrankte und Experten zu Wort kommen. Auftrieb geben dem Thema in diesem Zusammenhang Äußerungen prominenter Betroffener, die ihren Zusammenbruch und damit vorübergehenden Rückzug aus dem Arbeitsleben öffentlich schildern – so u. a. der Trainer des FC Schalke Ralf Rangnick und der Vorstandsvorsitzende des Bertelsmann-Konzerns, Hartmut Ostrowski.

Eine vergleichsweise sehr geringe Anzahl von Beiträgen kritisiert die Art der Medienberichterstattung (vgl. Weber 2011) und argumentiert, das Thema werde überbewertet und übertrieben dargestellt (vgl. Krohn 2011). Psychische Erkrankungen in der Arbeitswelt erlangen durch die Medienberichterstattung Relevanz in der sozialen Wirklichkeit einer breiteren Öffentlichkeit und werden somit zum gesellschaftlichen Issue (vgl. Bonfadelli und Friemel 2011, 181).

Psychische Gesundheit als gesellschaftliches Issue – ökonomische und soziale Relevanz

3

Der Begriff „Issue" ist aus betriebswirtschaftlicher Perspektive ein strategierelevantes Ereignis. das Einfluss auf die Unternehmensleistung haben kann (vgl. Ansoff und McDonnell 1990, 369). Aus der Sicht der Kommunikationswissenschaft stellen Issues Sachverhalte dar, die in Öffentlichkeit und Medien kontrovers diskutiert werden. Medien nehmen hierbei eine zentrale Rolle als Treiber im Prozess der öffentlichen Meinungsbildung ein (vgl. Kap. 2). Ist genügend Druck seitens der Medien und der Öffentlichkeit mobilisiert, sehen sich staatliche Organe veranlasst, sich ebenfalls dieses Problems anzunehmen (vgl. Liebl 2001, 30).

Hierin liegt das Konfliktpotenzial von gesellschaftlichen Issues, denn werden sie im Zuge eines öffentlichen Meinungsbildungsprozesses durch regulatorische Mittel geregelt, kann dies negative Auswirkungen auf eine Organisation oder ein Unternehmen haben (vgl. Lütgens 2002, 27). Je höher der Aufmerksamkeitswert eines Issues und der betroffenen Anspruchsgruppen, desto größer ist das Krisenpotenzial. Sofern sich in der Öffentlichkeit eine vorherrschende Meinung zum Thema gebildet hat und relevante Anspruchsgruppen Handlungsdruck erzeugen, nimmt der Handlungsspielraum für Unternehmen und Organisationen ab. Zugleich steigen Zeitdruck und Bewältigungskosten (vgl. Ansoff und McDonnell 1990, 383).

Im konkreten Fall des Themas psychische Gesundheit in der Arbeitswelt sind alle entscheidenden Kriterien für ein gesellschaftliches Issue vorhanden. Bundesarbeitsministerin Ursula von der Leyen hat sich mehrfach dahingehend geäußert, dass das Problem psychischer Belastungen in der Arbeitswelt bislang viel zu kurz gekommen sei und die Mehrheit der Unternehmen das Thema schleifen ließe (vgl. BMAS 2011; Sauer 2012). Die IG Metall forderte den Gesetzgeber wie in der Einleitung dargelegt auf, Unternehmen im Hinblick auf psychosoziale Gefährdungen stärker in die Pflicht zu nehmen (IG Metall 2012b) und legte im Juni 2012 den Entwurf einer „Anti-Stress-Verordnung" vor, die verbindliche Vorgaben zur Vermeidung psychosozialer Gefährdungen für Arbeitgeber aller Branchen enthält.

N. S. Roschker, *Psychische Gesundheit in der Arbeitswelt*, essentials,
DOI 10.1007/978-3-658-04416-9_3, © Springer Fachmedien Wiesbaden 2014

Die SPD-Fraktion initiierte parallel hierzu eine Gesetzesinitiative zum Schutz der Beschäftigten im Bundestag. Sämtliche Vorhaben zielen darauf ab, Arbeitgeber im Hinblick auf die Gestaltung von Arbeitsbedingungen und -organisation sowie die Dokumentation und Reduktion von Gefährdungspotenzial verstärkt in die Pflicht zu nehmen und Fehlverhalten diesbezüglich zu sanktionieren. Risikofaktoren, die die Gesundheit von Beschäftigten negativ beeinflussen können und im Gestaltungsbereich der Arbeitgeber liegen, sind in den folgenden Kapiteln kurz dargestellt.

3.1 Relevante Faktoren der Arbeitswelt: Was macht krank, was hält gesund?

Globalisierung und zunehmende Vernetzung und Beschleunigung durch neue Informations- und Kommunikationstechnologien haben neben der demografischen Entwicklung und dem gesellschaftlichen Wertewandel tiefgreifende Veränderungen der Gesellschaft und der Arbeitswelt ausgelöst (vgl. Jung 2011, 31). Der Arbeitsmarkt ist von einer Segmentierung in unterschiedliche Beschäftigungsverhältnisse ebenso geprägt wie vom Übergang zur Dienstleistungs-, Wissens- und Informationsgesellschaft. Der Anteil von Wissensarbeit nimmt stetig zu, bereits 2006 waren einer Hochrechnung der Bundesanstalt für Arbeitsschutz und Arbeitsmedizin (BAuA) zufolge rund 80 % aller Erwerbstätigen in Deutschland in Bereichen tätig, in welchen der Umgang mit Informationen jeglicher Art im Vordergrund steht (vgl. Dicke 2007, 9). Zunehmende Komplexität der Sachverhalte und eine Steigerung der Arbeitsintensität erhöhen die Anforderungen an die Beschäftigten.

3.1.1 Wesentliche Belastungsfaktoren durch die Arbeitssituation

Beschäftigte müssen sich Anforderungen stellen, die sich aus ihrer Arbeitsaufgabe, der Arbeitsorganisation inklusive der Arbeitszeit, den Bedingungen am Arbeitsplatz bzw. des Arbeitsumfelds und den sozialen Beziehungen ergeben (vgl. Riechert 2011, 44; Fergen 2012, 6). Ob diese Anforderungen negative Auswirkungen auf die Gesundheit haben, hängt von verschiedenen Faktoren wie u. a. individuellen Ressourcen und dem Umgang mit Belastungsfaktoren ab. Kommt es in Arbeits- und Lebensbedingungen zu Dauerstress, können Fehlbeanspruchungen in einem lang-

Abb. 3.1   Stressauslöser Beruf. (Quelle: Techniker Krankenkasse (TK) (2011))

samen und schleichenden Prozess in physischen und psychischen Erkrankungen enden (vgl. Riechert 2011, 45).

Einer repräsentativen Befragung der Techniker Krankenkasse (TK) im Jahr 2011 zufolge nannten mehr als die Hälfte der insgesamt 1.000 befragten Bundesbürger ihre Arbeitssituation als wichtigsten Faktor für Belastung durch Stress – Abb. 3.1 veranschaulicht die Ergebnisse (TK 2011a):

Die bislang als Normalarbeit bezeichnete Form unbefristeter Vollzeitbeschäftigung wird zunehmend durch alternative Beschäftigungsmodelle wie Teilzeit, befristete und/oder geringfügige Beschäftigung und selbständige Tätigkeit von Erwerbstätigen ersetzt, die ihre eigene Arbeitskraft und Kompetenz vermarkten und überwiegend für einen oder wenige Auftraggeber tätig sind (vgl. Brandl 2002, 83). Einer Erhebung der Bundesagentur für Arbeit und der Hans-Böckler-Stiftung aus dem Jahr 2012 zufolge hat sich der Anteil der Hartz IV Empfänger innerhalb der Gruppe der Selbständigen im Zeitraum 2007 bis 2011 nahezu verdoppelt, dies veranschaulicht Abb. 3.2.

Prekäre Selbstständigkeit

So viele Selbstständige bezogen ergänzend Hartz IV

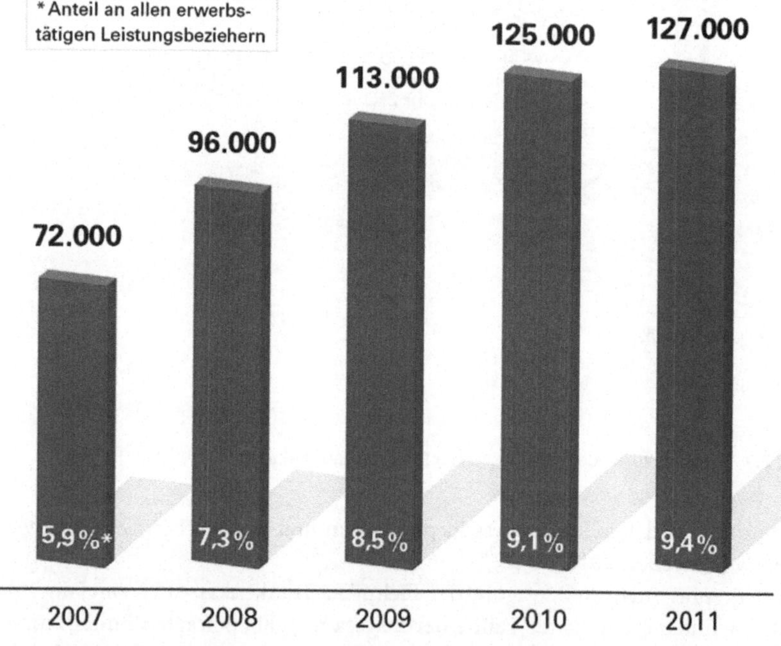

Abb. 3.2 Prekäre Selbständigkeit. (Quelle: Hans-Böckler-Stiftung (2012))

Die Flexibilisierung von Arbeit betrifft die Art der Beschäftigungsverhältnisse ebenso wie die zeitliche und räumliche Entgrenzung von Arbeit. Neben Chancen wie größerer Selbständigkeit und freier Zeiteinteilung birgt sie auch Risiken, die durch zunehmend unsichere Arbeitsverhältnisse und Existenzangst sowie gesundheitsschädliche Verhaltensweisen bedingt sind. Letztere sind z. T. auch einem fließenden Übergang von Arbeit und Privatleben geschuldet, die Grenzen von Arbeits- und Privatleben verschwimmen immer mehr (vgl. Keupp und Dill 2010, 29). So tragen z. B. mobile Endgeräte zu größerer Autonomie des einzelnen Mitarbeiters bei, da Arbeit nicht mehr an einen festen Arbeitsort und einen fixen Zeitrahmen gekoppelt sein muss. Je nach Unternehmenskultur herrschen unterschiedliche Vorstellungen im Hinblick auf ständige Erreichbarkeit und eine angemessene Reaktionszeit auf E-Mails und Anrufe.

Im Rahmen einer Studie des Bundesverbands Informationswirtschaft, Telekommunikation und Neue Medien (Bitkom) im Jahr 2011 gaben 88 % der befragten Erwerbstätigen an, auch außerhalb ihrer regulären Arbeitszeiten für Kunden, Kollegen oder Vorgesetzte per Mobiltelefon oder Mail erreichbar zu sein. 29 % hiervon äußerten, jederzeit für berufliche Zwecke erreichbar zu sein und 45 % bezeichneten es als Selbstverständlichkeit, nach Feierabend oder am Wochenende kontaktiert zu werden. Lediglich 15 % gaben an, nur in Ausnahmefällen außerhalb der Arbeitszeiten erreichbar zu sein (vgl. Bitkom 2011). Die Bitkom hatte die Studie in dieser Form bereits im Jahr 2009 durchgeführt, zu diesem Zeitpunkt gaben noch 73 % der Befragten an, außerhalb der Arbeitszeiten erreichbar zu sein. Die Ergebnisse basieren auf einer Befragung von 1.000 Personen aus Privathaushalten.

Der Deutsche Gewerkschaftsbund (DGB) kommt im Rahmen einer Befragung zum zu den Themen Arbeitshetze, Arbeitsintensivierung und Entgrenzung, für welche mehr als 6.000 abhängig Beschäftigte aller Branchen und Regionen befragt wurden, zu folgender Gesamtschau belastender Faktoren der Arbeitswelt: 63 % der Beschäftigten leider unter einer stetigen Intensivierung der Arbeit, 53 % unter Zeitnot. 27 % aller nicht selbständig Erwerbstätigen müssen laut DGB häufig bis sehr häufig in der Freizeit für ihre Arbeit erreichbar sein, 15 % sind unbezahlt in ihrer Freizeit für ihren Arbeitgeber tätig. Die im Vergleich zur Bitkom geringere Anzahl von Befragten, die außerhalb der Arbeitszeiten erreichbar ist, kann u. a. auf die Tatsache zurückgeführt werden, dass die DGB-Umfrage einen wesentlich breiteren Querschnitt und hierbei ausschließlich abhängig Beschäftigte und keine Selbständigen repräsentiert. Abbildung 3.3 veranschaulicht die Sichtweise der im Rahmen des DGB-Index Gute Arbeit befragten Beschäftigten zu belastenden Faktoren der Arbeitswelt (DGB Index Gute Arbeit 2012).

Die Langzeitfolgen durch neue oben dargestellte Belastungskonstellationen wie u. a. Arbeitsentgrenzung, -intensivierung und erhöhten Arbeitsstress sind bis dato noch nicht in vollem Umfang absehbar (vgl. Richter 2010, 10).

Nach einer Studie der Deutschen Gesellschaft für Personalführung (DGFP) leiden insbesondere Führungskräfte unter zunehmendem Zeit- und Erfolgsdruck sowie ständiger Erreichbarkeit und damit dem Phänomen des Arbeitens ohne Ende. Bei Mitarbeitern führen v. a. soziale Konflikte am Arbeitsplatz, Zeitdruck, Arbeitsverdichtung und die wachsende Angst vor Verlust des Arbeitsplatzes zu Beeinträchtigungen – dies zeigt Abb. 3.4 (vgl. Sedlacek 2011, 15). Als bedeutendste Auslöser für psychische Erkrankungen werden von Mitarbeitern private Probleme und Belastungen genannt. Sie können nicht unmittelbar auf das Arbeitsumfeld zurückgeführt werden, allerdings werden sie durch o.g. Faktoren mit verursacht, da sich diese negativ auf das Privatleben auswirken können. Zudem gelten private

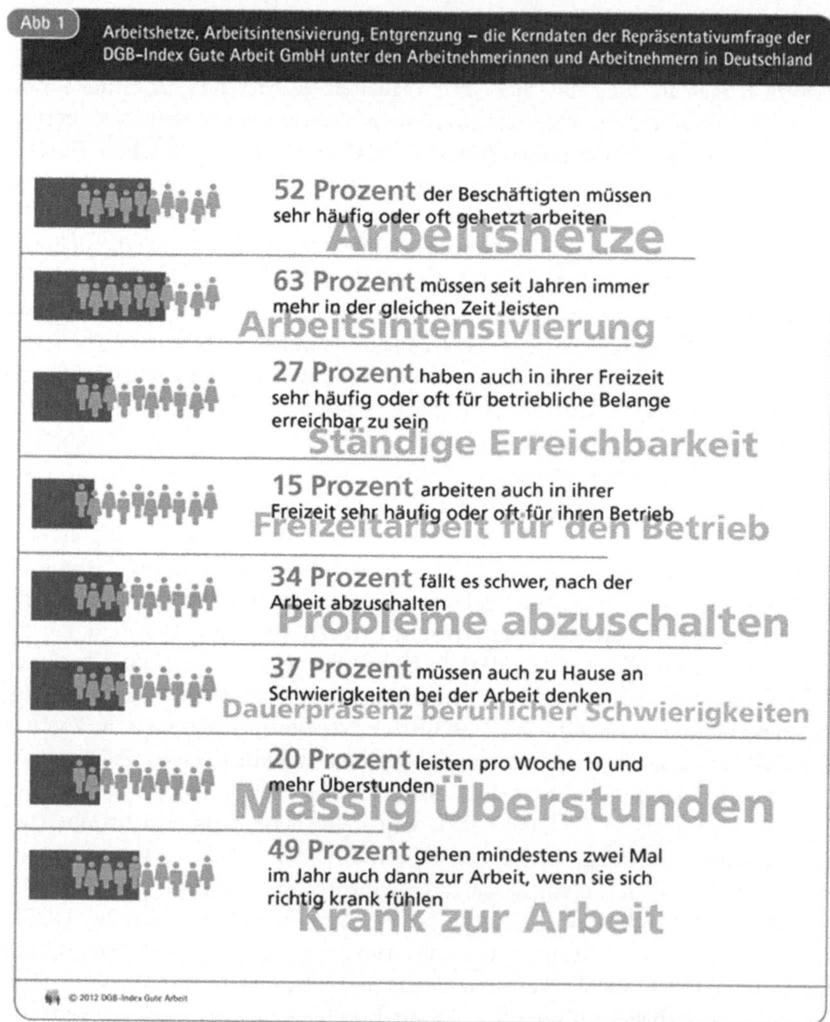

Abb. 3.3 Arbeitshetze, Arbeitsintensivierung, Entgrenzung. (Quelle: DGB-Index Gute Arbeit (2012))

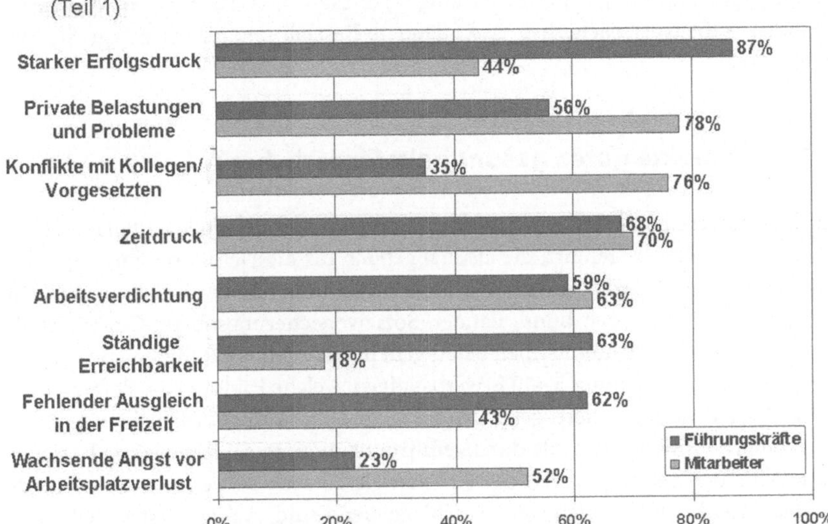

Abb. 3.4 Belastungsfaktoren für Mitarbeiter und Führungskräfte. (Quelle: Sedlacek, Bronia (2011): Psychische Beanspruchung von Mitarbeitern und Führungskräften. Deutsche Gesellschaft für Personalführung (DGFP) (Hrsg.))

Belastungsfaktoren als Verstärker für psychische Beanspruchung, da sie die individuelle Stressresistenz negativ beeinflussen.

3.1.2   Mangel an Handlungsspielraum und Belohnung

Zur Erfassung psychischer Belastungen in der Arbeitswelt werden u. a. das Anforderungs-Kontroll-Modell nach Karasek und Theorell sowie das Modell beruflicher Gratifikationskrisen von Siegrist herangezogen. Das Anforderungs-Kontroll-Modell basiert auf der Überlegung, dass Erwerbstätige vor allem dann hohen psychischen Belastungen ausgesetzt sind, wenn sie höheren Arbeitsanforderungen über einen längeren Zeitraum ausgesetzt sind, ohne hierauf selbst Einfluss z. B. im Hinblick auf freie Zeiteinteilung nehmen und damit die Anforderungen in irgendeiner Form steuern zu können (vgl. Gebele 2009, 6–35).

Das Modell beruflicher Gratifikationskrisen führt Stressreaktionen und psychische Erkrankungen auf ein längerfristiges Ungleichgewicht zwischen beruflicher Verausgabung und erhaltener Belohnung im Sinne von Wertschätzung, Aufstiegschancen, Arbeitsplatzsicherheit und adäquate Beschäftigung zurück (vgl. Siegrist 2007, 2012).

3.1.3 Aspekte guter, gesundheitsförderlicher Arbeit

Im Umkehrschluss zu den o.g. Risikofaktoren sind hier der Vollständigkeit halber noch die Aspekte aufgeführt, die als maßgeblich für die Definition guter und damit gesundheitsförderlicher Arbeit gelten. Die Initiative Neue Qualität der Arbeit (INQA), an welcher sich Bund, Länder, Sozialversicherungsträger, Gewerkschaften, Stiftungen und Unternehmen beteiligen, untersuchte im Rahmen einer repräsentativen Erhebung unter 5.400 Erwerbstätigen, welche Faktoren die Befragten als ausschlaggebend für sichere, gesunde und wettbewerbsfähige Arbeitsbedingungen nannten. Die Erhebung wurde durchgeführt, um zu untersuchen, welche Faktoren angesichts der Veränderungen der Arbeitswelt für sichere, gesunde und wettbewerbsfähige Arbeitsbedingungen ausschlaggebend sind. An vorderster Stelle werden in diesem Zusammenhang aufgeführt (vgl. Fuchs 2004, 14):

- ein festes, verlässliches Einkommen (92 %)
- Sicherheit des Arbeitsplatzes (88 %)
- Spaß an der Arbeit, kreative Fähigkeiten einbringen und entwickeln (85 %)
- Behandlung „als Mensch" durch Vorgesetzte (84 %)
- unbefristetes Arbeitsverhältnis (83 %)
- Förderung der Kollegialität (76 %)
- Achtung und Schutz der Gesundheit (74 %)

Zu einem ähnlichen Ergebnis kommt der in Kap. 3.1.1. bereits erwähnte DGB-Index „Gute Arbeit", der seit dem Jahr 2007 regelmäßig abhängig Beschäftigte aller Branchen und Regionen in Deutschland im Hinblick auf ihre Arbeitssituation befragt. Der Index basiert seit dem Jahr 2012 auf elf Kriterien, die von den Beschäftigten als wesentlich definiert wurden (vgl. Kulemann 2013, 14):

DGB-Index Gute Arbeit – 11 Kriterien zur Ermittlung der Arbeitsqualität

Ressourcen

1. Gestaltungsmöglichkeiten
2. Entwicklungsmöglichkeiten
3. Betriebskultur
4. Sinn der Arbeit

Belastungen

5. Arbeitszeitlage
6. Emotionale Anforderungen
7. Körperliche Anforderungen
8. Arbeitsintensität

Einkommen und Sicherheit

9. Einkommen
10. Betriebliche Sozialleistungen
11. Beschäftigungssicherheit

Eigene Gestaltungsmöglichkeiten und Handlungsspielraum gelten ebenso wie Wei-
terbildungs- und Aufstiegsmöglichkeiten als motivierend. Gleichfalls positiv auf
die Bewertung der Arbeitsqualität wirken ein wertschätzender Umgang insbesondere seitens der Vorgesetzten, die Identifikation mit der Arbeit, die Überzeugung,
selbst einen sinnvollen Beitrag leisten zu können sowie ein sicherer Arbeitsplatz
und ein Einkommen, das für die Lebenshaltung ausreichend ist. Befristete Arbeitsverhältnisse, ständige Erreichbarkeit, unbezahlte Überstunden, steigende Arbeitsintensität (immer weniger Zeit für immer mehr Arbeit) und physische Belastungen
durch die Arbeitsumgebung wie z. B. Lärm und Zugluft zählen dagegen zu Stressfaktoren der Arbeitswelt.

3.2 Prävalenz psychischer Erkrankungen in der Arbeitswelt: Zahlen und Fakten

Die Zunahme psychischer Erkrankungen im Zusammenhang mit der Arbeitswelt
ist ein Trend, der sich seit den 1980er Jahren kontinuierlich fortschreibt und seit
Mitte der 90er Jahre nochmals in deutlich verstärktem Maß auftritt (vgl. BPtK 2010).

Die jährlichen Gesundheitsberichte der Krankenkassen wie z. B. AOK, Techniker Krankenkasse (TK), BKK, DAK und Barmer dokumentieren seit über zehn Jahren übereinstimmend die Zunahme des Anteils psychischer Erkrankungen an den Krankschreibungen Erwerbstätiger. Die Problematik ist für die Fachöffentlichkeit folglich seit langem virulent und wie in Kap. 2 dargelegt und mittlerweile u. a. durch die Burnout-Debatte in den Medien in Wahrnehmung der Öffentlichkeit angekommen.

Trotz unterschiedlicher Mitgliederstrukturen der Kassen ist das Thema Arbeitsunfähigkeit (AU) im Zusammenhang mit psychischen Erkrankungen durch die gleichen Diagnosegruppen geprägt. Am häufigsten werden depressive Erkrankungen sowie Belastungsreaktionen und Anpassungsstörungen diagnostiziert (vgl. BPtK 2010, 6). Folglich tangiert das Thema psychische Gesundheit alle Bevölkerungsgruppen und nicht ausschließlich einzelne Berufsgruppen, wobei sich bei letzteren ein Schwerpunkt in den Bereichen Dienstleistungen und Wissensarbeit abzeichnet (vgl. BPtK 2010, 9).

3.2.1 Deutlicher Anstieg der Fehlzeiten

Inwieweit die Zunahme der AU-Tage auf eine tatsächliche Steigerung der Prävalenz psychischer Erkrankungen bei Erwerbstätigen zurückgeht, lässt sich nach dem derzeitigen Stand der Forschung nicht eindeutig beantworten, da eine Veränderung des ärztlichen Diagnoseverhaltens als Hintergrund des Anstiegs der Krankheitsfälle ebenso in Betracht gezogen werden muss wie ein Wechsel der diagnostischen Zuordnung bei Patientenbeschwerden (vgl. BPtK 2010, 13). So äußern sich einerseits psychische Beanspruchungen häufig auch durch vielfältige körperliche Symptome wie z. B. Rückenschmerzen, die dann nicht zwingend im Zusammenhang mit psychischen Fehlbelastungen diagnostiziert werden (vgl. TK 2009). Andererseits hat z. B. nach Einschätzung der DAK eine andere Einstellung von Ärzten ebenso wie Patienten zu einem veränderten Verhalten im Hinblick auf Diagnosen und Krankmeldungen geführt (vgl. DAK Gesundheit 2013a).

Trotz der Schwierigkeiten einer eindeutigen, quantitativen Erfassung psychischer Erkrankungen bei Erwerbstätigen belegen zahlreiche Gesundheitsreporte und Analysen, dass die Zahl der Betroffenen hoch ist und stetig ansteigt: In Deutschland fühlen sich einer Erhebung der Hans-Böckler-Stiftung aus dem Jahr 2011 zufolge mittlerweile rund 40 % der Beschäftigten von Zeit- und Leistungsdruck beeinträchtigt, dies veranschaulicht Abb. 3.5.

Die DAK berichtet in ihrem aktuellen Gesundheitsreport 2013 über einen Anstieg der Ausfallzeiten aufgrund psychischer Erkrankungen um 165 % bei Erwerbs-

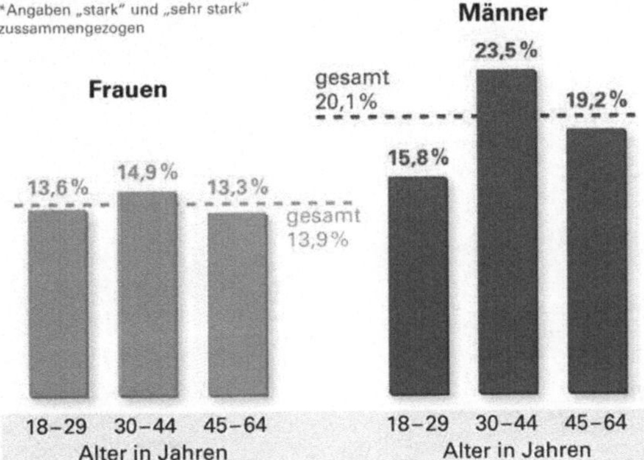

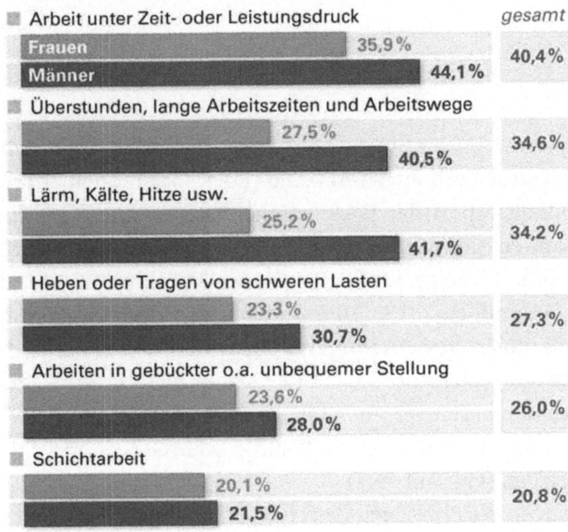

Abb. 3.5 Wenn der Job krank macht – Gesundheitsgefährdung durch eigene Arbeit. (Quelle: Hans-Böckler-Stiftung (2011))

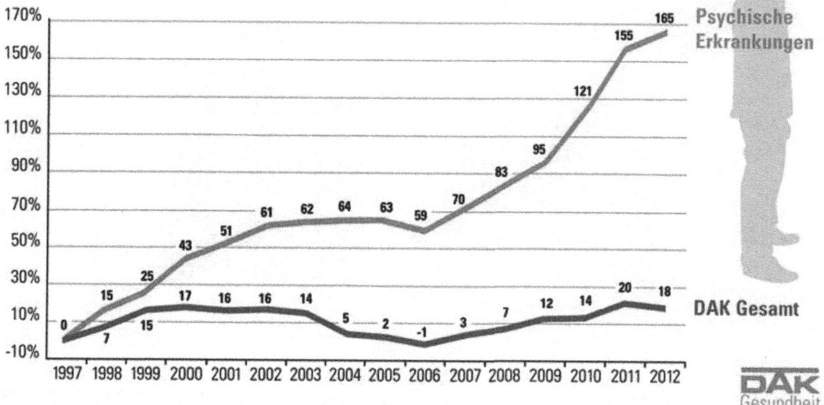

Abb. 3.6 Entwicklung der Fehlzeiten bei Berufstätigen wegen psychischer Erkrankungen. (Quelle: DAK Gesundheit (2013))

tätigen im Zeitraum 1997 bis 2012. Die Anzahl der Fehltage hat sich seit dem Jahr 2006 nochmals deutlich erhöht, so Abb. 3.6 (DAK Gesundheit 2013b).

Dem Gesundheitsreport der DAK zufolge hat der Anteil psychischer Erkrankungen am gesamten Krankheitsspektrum im Zeitraum 2000 bis 2012 um 93,5 % zugenommen, Abb. 3.7 zeigt das Spektrum der Krankheiten und deren Entwicklung auf (DAK Gesundheit 2013c, 109). Psychische Erkrankungen stellten gemeinsam mit Erkrankungen des Atmungssystems mit 14,5 % bereits die zweitgrößte Diagnosegruppe dar, siehe Abb. 3.8 (DAK Gesundheit 2013c, 17). Die Anzahl der Erkrankungen in den bislang größten Diagnosegruppen Muskel-Skelettsystem und Atmungserkrankungen ist hierbei rückläufig, während die psychischen Erkrankungen stark zulegen (vgl. Abb. 3.7).

Auf die Diagnose Burnout nach dem ICD Schlüssel Z 73 entfielen im Jahr 2012 zehn Fehltage, im Jahr 2004 waren dies noch 0,6 Fehltage (vgl. DAK Gesundheit 2013d, 17). Der BKK Bundesverband meldet einen Anstieg der Fehltage aufgrund

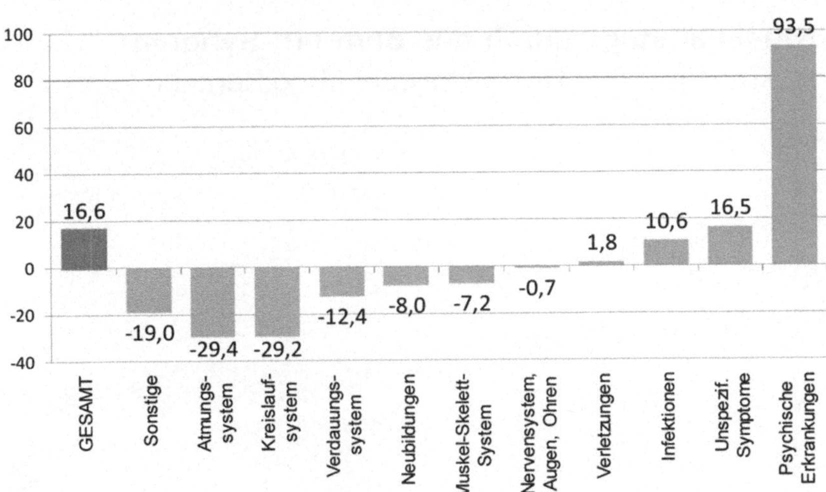

Abb. 3.7 Absoluter Zuwachs/Rückgang der Diagnosegruppen nach Krankheitstagen. (Quelle: DAK Gesundheitsreport (2013))

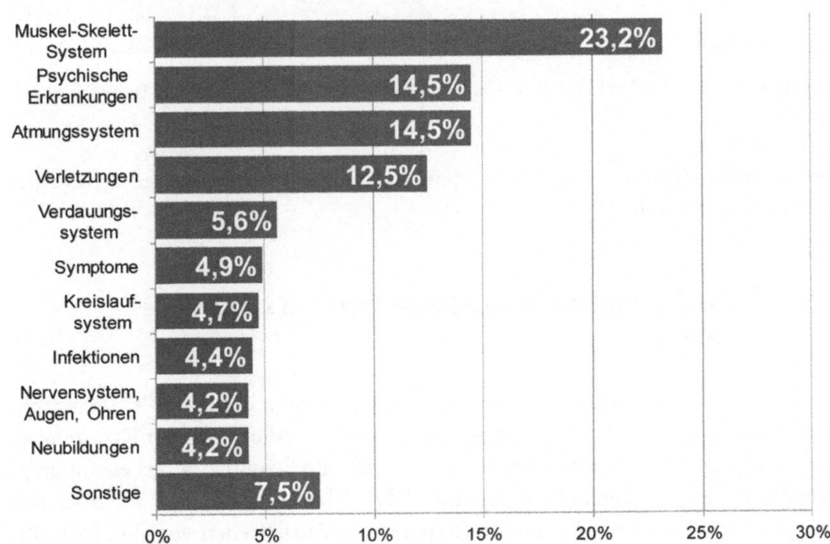

Abb. 3.8 Absoluter Zuwachs/Rückgang der Diagnosegruppen nach AU-Tagen. (Quelle: DAK Gesundheitsreport (2013))

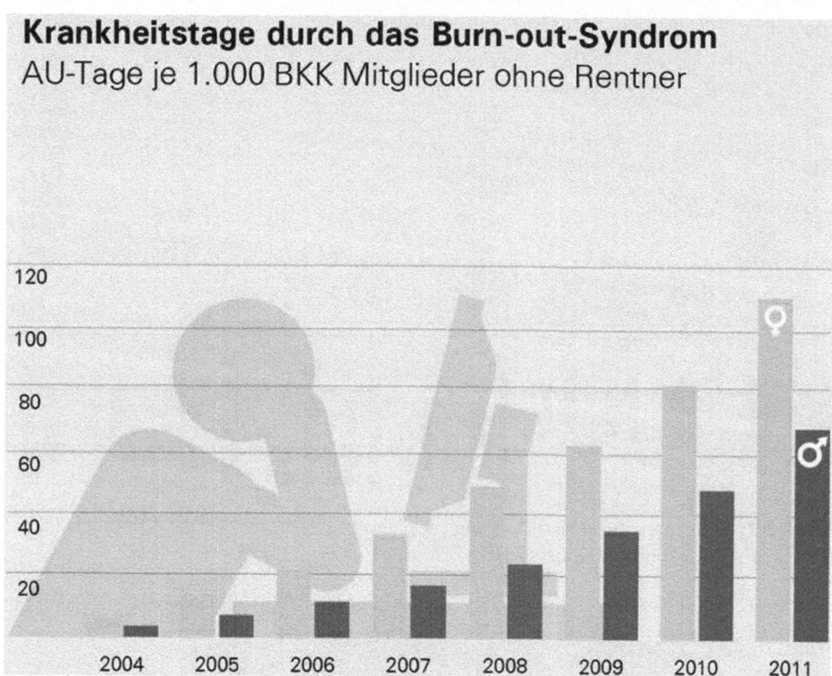

Abb.3.9 Anstieg der Fehltage durch das Burnout-Syndrom. (Quelle: BKK Bundesverband (2012))

der Diagnose Burnout im Zeitraum 2004 bis 2011 um das Neunzehnfache – dies veranschaulicht Abb. 3.9.

3.2.2 Durchschnittliche Ausfallzeiten und stationäre Behandlungen

Psychische Erkrankungen spielen bei Fehlzeiten eine wichtige Rolle, da Krankschreibungen mit im Durchschnitt sehr lange dauern – die Techniker Krankenkasse nennt in ihrem Gesundheitsreport 2013 hierfür im Schnitt eine Arbeitsunfähigkeitsdauer von 45 Tagen bei Frauen und 42 Tagen bei Männern (vgl. TK 2013, 86). Die DAK führt in ihrem Gesundheitsreport 2013 Ausfallzeiten von durchschnittlich 33 Tagen auf – 32,8 Tage bei Frauen und 33, 9 Tage bei Männern (vgl. DAK Gesundheit 2013c, 28). Die Unterschiede sind u. a. auf die Zusammensetzung der

Gruppe der Versicherten im Hinblick auf berufliche Tätigkeit, Alter und weitere Kriterien der beiden Kassen zu erklären. Statistisch gesehen war im Jahr 2010 jeder sozialversicherungspflichtige Beschäftige zwei Tage wegen psychischer Leiden krankgeschrieben. In Deutschlands Unternehmen fehlen nach Angaben des Gesundheitsreports 2011 der Techniker Krankenkasse pro Tag über 4.000 Mitarbeiter aufgrund dieser Diagnosegruppen (vgl. TK 2011b, 7).

Die tatsächliche Zahl der Betroffenen fällt wesentlich höher aus, wenn man diejenigen Mitarbeiter hinzurechnet, die sich nicht krankschreiben lassen, sondern trotz Beschwerden zur Arbeit gehen und damit nicht in den offiziellen Statistiken auftauchen. Kapitel 4.1 geht auf dieses als Präsentismus bezeichnete Phänomen detaillierter ein.

Stationäre Behandlungen wegen psychischer Erkrankungen weisen ebenfalls einen deutlich steigenden Trend auf, diese verursachen aktuell die meisten Krankenhaustage im Vergleich zu allen übrigen Erkrankungen (vgl. Barmer 2013, 25). Für den Zeitraum 1990 bis 2012 ist hier eine Zunahme von 67 % zu verzeichnen (vgl. Barmer 2013, 4). Der Barmer Gesundheitsreport verweist auf eine durchschnittliche Verweildauer bei Behandlung psychischer Erkrankungen von knapp 20 Tagen bei Männern und mehr als 25 Tagen bei Frauen (vgl. Barmer 2013, 27). Nach Angabe des Statistischen Bundesamtes waren psychische Erkrankungen in den Altersgruppen unter 45 Jahren bereits im Jahr 2008 mit 38 % die häufigste Diagnose, die zu einem Aufenthalt in einer Vorsorge- oder Rehabilitationseinrichtung führten (vgl. Statistisches Bundesamt o. J.).

Warum sollte die psychische Gesundheit von Mitarbeitern ein Thema für die Berichterstattung von Unternehmen sein?

4

Im Rahmen ihrer Berichterstattung legen Unternehmen Rechenschaft gegenüber ihren vielfältigen Anspruchsgruppen ab. Gesetzliche Regelungen in Deutschland verpflichten sie hierzu im Hinblick auf finanzielle und wesentliche nichtfinanzielle Informationen – die Auswahl der nichtfinanziellen Informationen ist bislang der Einschätzung der Unternehmen selbst überlassen. Informationen zu ökologischen und sozialen Auswirkungen der Unternehmenstätigkeit sind im Zuge der Nachhaltigkeitsberichterstattung und der zunehmenden Bedeutung einer integrierten Berichterstattung vermehrt Gegenstand der externen Unternehmensberichterstattung. Hierüber informieren Unternehmen bislang weitgehend auf freiwilliger Basis. Wesentliche Berichtspflichten und Reporting-Standards führt die Gesamtpublikation detailliert auf.

4.1 Legitimation: Schonender Umgang mit Ressourcen

Anspruchsgruppen bzw. Stakeholder sind nach Definition des Prüfungsstandards AccountAbility 1.000 solche Individuen, Gruppen von Individuen oder Organisationen, die Aktivitäten, Produkte oder Leistungen und die dazugehörige Performance einer Organisation beeinflussen und/oder durch diese beeinflusst werden können (vgl. AccountAbility 2008, 24). Die Rechenschaft erfolgt in erster Linie im Hinblick auf die Geschäftstätigkeit der Unternehmen. Haben sich diese zu einer nachhaltigen Unternehmensführung selbst verpflichtet, so sollten sie über gesellschaftlich, ökologisch und ökonomisch relevante Aspekte ihrer Geschäftstätigkeit informieren. Dies beinhaltet insbesondere den schonenden Umgang mit menschlichen und natürlichen Ressourcen und damit eine nachhaltige Nutzung des zur Verfügung gestellten gesellschaftlichen Gesamtkapitals (vgl. Moldaschl 2007, 15 f.). Auf die Bedeutung der Ressource Gesundheit unter gesellschaftlichen Aspekten geht Kap. 4.2 näher ein. Die Information der verschiedenen Anspruchsgruppen

N. S. Roschker, *Psychische Gesundheit in der Arbeitswelt*, essentials,
DOI 10.1007/978-3-658-04416-9_4, © Springer Fachmedien Wiesbaden 2014

erfolgt neben individuellen Dialogformen in der Regel über öffentlich zugängliche Quellen in Form der Berichterstattung der Unternehmen, z. B. durch Geschäfts- und Nachhaltigkeitsberichte, die über die Internetseiten der Unternehmen zur Verfügung gestellt werden.

Die Themen der Berichterstattung sollten am Informationsinteresse der Stakeholder ausgerichtet sein und somit auf einer Materialitätsanalyse basieren (vgl. Hoffmann 2011, 75 f.). Zu diesem Zweck treten Unternehmen in Dialog mit ihren Anspruchsgruppen und binden diese im Idealfall in ihre Entscheidungsprozesse ein. Ein Stakeholderdialog in dieser Form ist u. a. wesentlich für die Früherkennung von Forderungen und gesellschaftlichen Issues (vgl. Kap. 3) im Rahmen eines strategischen Issue-Managements und dient der Risikominimierung und damit der Verbesserung des Risikomanagements (vgl. Bauernfeind 2007, 36 ff.). Kommunikation mit und Einbindung von Anspruchsgruppen sowie eine transparente Darstellung wesentlicher Sachverhalte im Zusammenhang mit der Geschäftstätigkeit können die Legitimation von Unternehmen in der Gesellschaft („license to operate") ebenso wie deren Image verbessern (vgl. Bauernfeind 2007, 34).

Das Thema psychische Gesundheit von Mitarbeitern hat auf Basis der in Kap. 3 dargelegten Definition von unternehmerischen und gesellschaftlichen Issues sowohl potenziellen Einfluss auf die Unternehmensleistung als auch auf die Legitimation von Unternehmen im Sinne ihrer „license to operate".

Nicht zuletzt durch die in Kap. 2 dargestellte Berichterstattung der Medien steigt der öffentliche Druck auf Unternehmen, sich zu ihrer Verantwortung für die psychische Gesundheit ihrer Mitarbeiter in qualifizierter Form zu äußern. Staatliche Organe und gesellschaftliche Anspruchsgruppen wie im eingangs zitierten Fall das Bundesarbeitsministerium (BMAS) und die IG Metall (vgl. Kap. 2) sehen sich bereits dazu veranlasst, einzugreifen. Die Legitimation der Akteure ist vor allem in Form des BMAS ebenso hoch wie deren Machtpotenzial (vgl. Kap. 3). Die breitere Öffentlichkeit ist v.a. durch die Medienberichterstattung auf das Problem zunehmender psychischer Erkrankungen im Zusammenhang mit der Arbeitswelt aufmerksam geworden. Regulatorische Eingriffe in Form verschärfter Regelungen zum Thema Arbeitsorganisation und Mitarbeitergesundheit stellen bereits in ihrer Ankündigung strategierelevante Ereignisse für Unternehmen dar, da sie potenziellen Einfluss auf die Unternehmensleistung haben. Die in den vorangegangenen Kapiteln dargelegte starke Zunahme psychischer Erkrankungen von Erwerbstätigen, die zwar nicht ausschließlich, jedoch wesentlich auf Belastungsfaktoren des Arbeitsumfelds zurückgeführt werden kann, stellt aufgrund ihrer strategischen Relevanz für Unternehmen sowie ihrer gesellschaftlichen Auswirkungen ein Thema der Berichterstattung für Unternehmen dar.

4.2 Ökonomische Relevanz des Themas psychische Gesundheit für Unternehmen und Gesellschaft

Die Gesundheit von Mitarbeitern hat entscheidenden Einfluss auf die Leistungs- und Innovationsfähigkeit von Unternehmen und damit auf die Wettbewerbsfähigkeit des Standortes Deutschland. Unternehmen werden durch meist langwierige psychische Erkrankungen von Mitarbeitern mit einer ganzen Reihe von Auswirkungen konfrontiert, die sich direkt wie indirekt negativ auf die wirtschaftliche Leistung auswirken. Durch unbesetzte Arbeitsplätze kann es zu Produktionsausfällen, Lieferschwierigkeiten und Terminverzug und damit zur Unzufriedenheit von Kunden und sinkender Wettbewerbsfähigkeit kommen. Es entstehen Kosten für Lohnfortzahlungen sowie für Neueinstellung und Einarbeitung von Mitarbeitern, die die Erkrankten ersetzen. Fallen qualifizierte Mitarbeiter durch psychische Erkrankungen vollständig aus, verliert das Unternehmen wertvolles Fachwissen (vgl. Joiko 2010, 15).

4.2.1 Verlust durch Fehlzeiten und Frühverrentungen

Nach Angaben der vom Bundesministeriums für Arbeit und Soziales (BMAS) und der Bundesanstalt für Arbeitsschutz und Arbeitsmedizin (BAuA) jährlich veröffentlichten Erhebung zur Sicherheit und Gesundheit bei der Arbeit entfielen 2011 auf jeden von insgesamt 36,6 Mio. pflicht- und freiwillig Versicherten 12,6 AU-Tage. Dies entspricht insgesamt 460,6 Mio. Fehltagen. 59,2 Mio. Tage hiervon sind psychischen Erkrankungen zuzuschreiben. Damit haben diese einen Anteil von insgesamt 12,9 % an allen Diagnosegruppen und stehen mittlerweile als Verursacher von Fehltagen auf Rang drei (vgl. BMAS und BAuA 2013, 41). Dies zeigen die Tab. 4.1 und 4.2.

Arbeitsunfähigkeitstage verursachten im Jahr 2011 laut BMAS Kosten von insgesamt 39 Mrd. Euro durch Lohnfortzahlung, auf das Konto psychischer Erkrankungen gehen 5,1 Mrd. Euro (vgl. Brenscheidt 2012, 43). Der Ausfall an Bruttowertschöpfung durch Verlust von Arbeitsproduktivität wird auf insgesamt 80 Mrd. Euro geschätzt (vgl. BMAS und BAuA 2013, 41; Tab. 4.1). 10,3 Mrd. Euro hiervon entfallen auf psychische Erkrankungen. Folglich ist 2011 durch offiziell gemeldete psychische Erkrankungen von Erwerbstätigen ein Produktions- und Wertschöpfungsverlust von 16,2 Mrd. Euro zu verzeichnen (vgl. BMAS und BAuA 2013; Tab. 4.2).

Volkswirtschaftliche Kosten durch Verlust an Arbeitsproduktivität durch Arbeitsunfähigkeit in 2011: 80 Mrd. Euro

Tab. 4.1 Verlust an Arbeitsproduktivität durch Arbeitsunfähigkeit. (Quelle: BMAS und BAuA (2013): Sicherheit und Gesundheit bei der Arbeit (2011))

Schätzung der volkswirtschaftlichen Produktionsausfallkosten und der ausgefallenen Brutto-wertschöpfung durch Arbeitsunfähigkeit 2011	
36.625 Tsd. Arbeitnehmer mal *12,6* Arbeitsunfähigkeitstage	
⇒ *460,6 Mio.* Arbeitsunfähigkeitstage, beziehungsweise *1,3 Mio. ausgefallene Erwerbsjahre*	
Schätzung der Produktionsausfallkosten anhand der Lohnkosten (Produktionsausfall)	
1,3 Mio. ausgefallene Erwerbsjahre mal *36.200 €* durchschnittliches Arbeitnehmerentgelt	
⇒ ausgefallene Produktion durch Arbeitsunfähigkeit	*46 Mrd. €*
⇒ Produktionsausfall je Arbeitnehmer	*1.247 €*
⇒ Produktionsausfall je Arbeitsunfähigkeitstag	*99 €*
⇒ Anteil am Bruttonationaleinkommen	*1,8 %*
Schätzung des Verlustes an Arbeitsproduktivität (Ausfall an Bruttowertschöpfung)	
1,3 Mio. ausgefallene Erwerbsjahre mal *63.000 €* durchschnittliche Bruttowertschöpfung	
⇒ ausgefallene Bruttowertschöpfung	*80 Mrd. €*
⇒ Ausfall an Bruttowertschöpfung je Arbeitnehmer	*2.171 €*
⇒ Ausfall an Bruttowertschöpfung je Arbeitsunfähigkeitstag	*173 €*
⇒ Anteil am Bruttonationaleinkommen	*3,1 %*

Direkte Kosten in Form von Behandlungskosten sind hier nicht mit eingeschlossen. Diese betrugen nach Angaben des Statistischen Bundesamtes, der Gesundheitsberichterstattung des Bundes (GBE) und des Landesverbands der BKK Baden Württemberg (BKK BW) für das Jahr 2012 rund 33 Mrd. Euro (vgl. Statista 2013). Das Statistische Bundesamt beziffert die Gesamtkosten für Prävention, Behandlung, Rehabilitation und Pflege im Zusammenhang mit psychischen Erkrankungen für das Jahr 2008 noch auf 28,7 Mrd. Euro (vgl. Statisches Bundesamt o. J.) und sagte einen Anstieg Behandlungskosten bis zum Jahr 2030 auf ca. 32 Mrd. Euro jährlich voraus (vgl. Kleinschmidt 2011, 9).

Psychische Erkrankungen stehen seit 2008 an erster Stelle innerhalb der Diagnosegruppen für Frühverrentungen (vgl. BMAS und BAuA 2013, 58). Im Zeitraum 2008 bis 2011 haben Frühverrentungen auf Basis dieser Diagnose stetig zugenommen und mittlerweile einen Anteil von 41,4 % im Spektrum aller Diagnosegruppen erreicht. Im Jahr 2000 lag dieser Anteil noch bei 24,2 % (vgl. BMAS und BAuA 2013, 58). Das Durchschnittsalter derjenigen, die frühzeitig in Rente gingen, betrug im Jahr 2011 48 Jahre (vgl. BMAS 2013a). Die IG Metall bezeichnet psychische Erkrankungen aus diesem Grund mittlerweile als Arbeitsunfall der Moderne (vgl. IG Metall 2012b). Die Zunahme der Frühverrentungen verdeutlicht Tab. 4.3.

Volkswirtschaftliche Kosten: Produktionsausfall und Ausfall an Bruttowertschöpfung durch Arbeitsunfähigkeit in 2011 bedingt durch psychische und Verhaltensstörungen: 16,2 Mrd. Euro

Tab. 4.2 Produktionsausfall und Ausfall an Bruttowertschöpfung durch Arbeitsunfähigkeit. (Quelle: BMAS und BAuA (2013): Sicherheit und Gesundheit bei der Arbeit (2011))

ICD 10	Diagnosegruppe	Arbeitsunfähigkeitstage		Produktionsausfallkosten		Ausfall an Bruttowertschöpfung	
		Mio.	%	Mrd. €	vom Bruttonationaleinkommen in %	Mrd. €	vom Bruttonationaleinkommen in %
V	Psychische und Verhaltensstörungen	59,2	12,9	5,9	0,2	10,3	0,4
IX	Krankheiten des Kreislaufsystems	26,9	5,8	2,7	0,1	4,7	0,2
X	Krankheiten des Atmungssystems	65,1	14,1	6,5	0,3	11,3	0,4
XI	Krankheiten des Verdauungssystems	25,5	5,5	2,5	0,1	4,4	0,2
XIII	Krankheiten des Muskel- Skelett- Systems und des Bindegewebes	99,7	21,6	10,0	0,4	17,3	0,7
XIX	Verletzungen, Vergiftungen	52,9	11,5	5,3	0,2	9,2	0,4
alle anderen	Übrige Krankheiten	131,3	28,5	13,1	0,5	22,8	0,9
I–XXI	*Alle Diagnosegruppen*	*460,6*	*100,0*	*46,0*	*1,8*	*80,0*	*3,1*

4.2.2 Präsentismus: Vielfacher Verlust an Arbeitsproduktivität

Die eingangs genannten ökonomischen Folgen beziehen sich lediglich auf die offiziell gemeldeten Fälle psychischer Erkrankungen, welche Arbeitsunfähigkeit nach sich ziehen. Die Dunkelziffer psychisch kranker Erwerbstätiger liegt weit höher, da nach Einschätzung von Arbeits- und Gesundheitswissenschaftlern sowie Erhebungen der gesetzlichen Krankenkassen das Phänomen des Präsentismus immer mehr zunimmt. Präsentismus ist bislang noch nicht einheitlich definiert, in Deutschland und Europa wird hierunter vorrangig das Verhalten von Mitarbeitern verstanden, trotz Krankheit, die ein Fehlen legitimieren würde, zur Arbeit zu gehen

Anstieg der Frühverrentungen aufgrund psychischer Erkrankungen im Zeitraum 2008–2011

Tab. 4.3 Frühverrentungen aufgrund psychischer Erkrankungen. (Quelle: BMAS und BAuA (2013): Sicherheit und Gesundheit bei der Arbeit (2011))

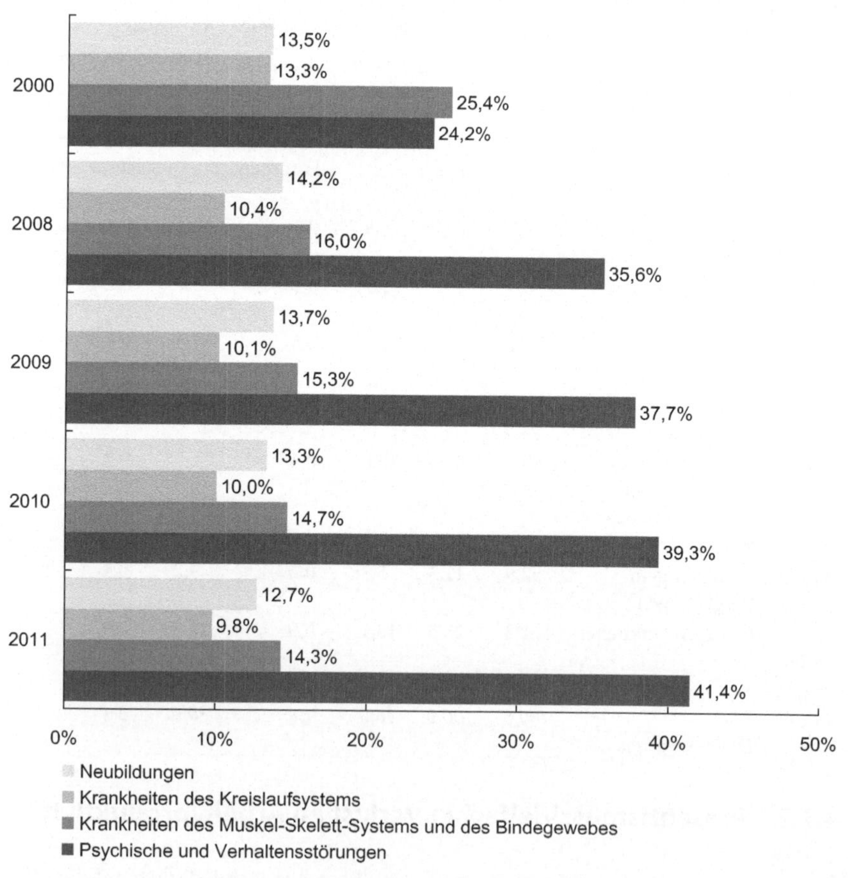

(vgl. Kramer 2013, 3). Das wissenschaftliche Institut der AOK (WIdO) befragte im Jahr 2009 insgesamt 2000 Beschäftigte dahingehend, ob sie im Krankheitsfall zu Hause blieben. In diesem Zusammenhang gaben 71 % der Beschäftigten an, im vergangenen Jahr krank zur Arbeit gegangen zu sein, 70 % warteten mit der Genesung bis zum Wochenende und 12 % nahmen zur Genesung sogar Urlaub (vgl. Schmidt und Schröder 2010, 96).

Der DGB-Index „Gute Arbeit" führt das Jahr 2012 auf, dass knapp jeder zweite Arbeitnehmer im Schnitt mindestens zweimal pro Jahr zur Arbeit geht, obwohl er sich richtig krank fühlt (vgl. DGB-Index Gute Arbeit 2012). Dass Präsentismus mittlerweile alles andere als ein Randphänomen, bestätigt auch der Stressreport Deutschland 2012: Von über 20.000 Befragten gaben fast 21 % an, bei Krankheit immer zur Arbeit zu gehen (vgl. BAuA 2013b, 136). Die Initiative Gesundheit und Arbeit (iga) nennt folgende Gründe von Arbeitnehmern, im Krankheitsfall nicht zu Hause zu bleiben: 66 % kurieren sich aus Pflichtgefühl und Angst vor liegenbleibender Arbeit nicht aus, 46 nehmen auf diese Weise Rücksicht auf Kollegen, welchen sie Mehrarbeit nicht zumuten möchten. 25 % haben Angst, ihren Arbeitsplatz zu verlieren, wenn sie krank zu Hause bleiben und weitere 25 % fürchten berufliche Nachteile durch eine Absenz (vgl. Kramer 2013, 7).

Mangelnde Aufmerksamkeit und Konzentration sowie verminderte Leistungsfähigkeit verursachen bis zu dreimal so hohe Produktivitätsausfälle wie Fehlzeiten. Fehler und Unfälle häufen sich, dies wirkt sich negativ auf die Qualität der Arbeit und damit auch auf die Zufriedenheit der Kunden aus. Zudem führen nicht behandelte Krankheiten insbesondere bei psychischen Erkrankungen zu deutlich längeren Fehlzeiten, da hier die Früherkennung wesentlichen Einfluss auf den Verlauf und die Dauer der Erkrankung haben kann (vgl. Zoike 2010, 72).

Die Kosten durch krankheitsbedingte Fehlzeiten und krankheitsbedingte Leistungsverluste durch Präsentismus betragen rund 10 % der gesamten Personalkosten von Unternehmen (vgl. Badura 2010, 14). Hierbei haben die durch Präsentismus verursachten Kosten den größten Anteil an den Gesundheitskosten (vgl. Badura und Steinke 2011, 84). Im Durchschnitt führen Präsentismus und Arbeitsunfähigkeit zum Verlust von 12 % der Gesamtproduktivität eines Unternehmens, wobei Präsentismus hier mit 65 % zu Buche schlägt (vgl. Fissler und Krause 2010, 417; Kramer 2013, 5). Bei psychischen Beschwerden sind Arbeitnehmer, die trotz Erkrankung zur Arbeit gehen, etwa 1,8 Stunden pro achtstündigem Arbeitstag unproduktiv (vgl. Zoike 2010, 72). Da psychische Erkrankungen wie eingangs dargelegt insbesondere in der Arbeitswelt immer noch tabuisiert werden, ist davon auszugehen, dass diese einen wesentlichen Anteil an nicht gemeldeten Erkrankungen haben.

Einer Studie der Initiative Gesundheit und Arbeit (iga) zufolge, die die Evidenz betrieblicher Gesundheitsförderung vor dem Hintergrund ökonomischer Einsparungen aufzeigt, lassen sich durch präventive Maßnahmen Einsparungen in Form eines Return on Investment (ROI) in Höhe von 1: 2,3 bis 1: 5,9 im Hinblick auf Krankheitskosten erzielen. Bei Maßnahmen zur Gesundheitsförderung, die sich positiv auf die Reduktion krankheitsbedingter Fehlzeiten auswirken, lässt sich ein ROI zwischen 1: 2,5 und 1: 10,1 nachweisen (vgl. Sockoll et al. 2008, 58).

Wie in Kap. 3.1.1 dargelegt, führen Belastungsfaktoren je nach individueller Konstitution schrittweise und nicht schlagartig zu psychischen Erkrankungen. Zu den aufgeführten Faktoren, die sich belastend für Arbeitnehmer auswirken, gehören soziale Unterstützung sowie mangelnde Anerkennung und Wertschätzung und folglich eine fehlende emotionale Bindung an den Arbeitgeber.

Ergänzend zum Phänomen des Präsentismus sind der Vollständigkeit halber hier noch die ökonomischen Verluste aufgeführt, die durch fehlendes Engagement am Arbeitsplatz entstehen. Das Gallup Institut nennt im Rahmen des aktuellen Engagement-Index 2012 zur Mitarbeiterbindung volkswirtschaftliche Kosten in Höhe von 112 bis 138 Mrd. Euro, die jährlich durch innere Kündigung der Arbeitnehmer verursacht werden (vgl. Gallup 2013, 13). Fehlendes Engagement hat nach Angaben der Studie eine hohe Korrelation mit dem Verhalten von Führungskräften ihren Mitarbeitern gegenüber: Vorgesetzte, die eine vertrauensvolle Arbeitsumgebung schaffen und sowohl ansprechbar als auch erreichbar für ihre Mitarbeiter sind, tragen wesentlich zur Bindung an das Unternehmen bei (vgl. Gallup 2013, 24). Auf die Rolle von Führungskräften im Zusammenhang mit dem Thema psychische Gesundheit geht das Gesamtwerk außerhalb dieses Beitrags im Rahmen der Ausführungen zu einem nachhaltigen Personalmanagement detailliert ein.

4.3 Soziale Aspekte der Zunahme psychischer Erkrankungen

Unternehmen können als Teil der Gesellschaft im Rahmen ihrer Geschäftstätigkeit zu gesellschaftlichem Wohlstand beitragen. Sie profitieren von einer sozial stabilen und gesicherten Gesellschaft ebenso wie von deren Ressourcen, i.e. von Humanressourcen und natürlichen Ressourcen gleichermaßen (vgl. Brandl 2006, 141). Die Zunahme psychischer Erkrankungen kann sich vor dem Hintergrund der demographischen Entwicklung und dem immer größer werdenden Missverhältnis zwischen sozial- und rentenversicherungspflichtigen Erwerbstätigen und Empfängern von Leistungen negativ auf den sozialen Frieden innerhalb der Gesellschaft auswirken.

Sofern Leistungsträger der Gesellschaft in verstärktem Maße für längere Zeit oder ganz ausfallen, verschärft sich das Problem, dass eine immer kleiner werdende Gruppe von Erwerbstätigen eine immer größere Gruppe von sozial Schwachen alimentieren muss. Für die Lohnfortzahlung im Krankheitsfall kommen qua Gesetz bis zu einem Zeitraum von maximal sechs Wochen die Arbeitgeber auf, einige Unternehmen haben sich auf freiwilliger Basis selbst zu einer längeren Lohnfortzahlung verpflichtet. Bei längeren Ausfallzeiten oder dauerhafter Arbeitsunfähigkeit durch Verschleiß und Beeinträchtigung der Gesundheit erfolgt eine Externalisierung der Kosten auf die gesamte Gesellschaft durch die Unternehmen (vgl. Senghaas-Knobloch 2008, 30; Brandl 2006, 55). Denn die Gesellschaft trägt den volkswirtschaftlichen Produktivitätsverlust ebenso mit wie Kosten, die durch Krankheit und Frühverrentung entstehen, da die Betroffenen durch soziale Sicherungssysteme und sozialpolitische Maßnahmen aufgefangen werden. Somit ist Gesundheit als öffentliches, schützenswertes Gut im Interesse der Gesellschaft. Durch die Multikausalität von psychischen Erkrankungen insbesondere beim Burnout-Syndrom ist wie eingangs dargelegt eine eindeutige Zuweisung der Kosten nach dem Verursacherprinzip nicht möglich – auch dann nicht, wenn Arbeitsumfeld und Arbeitsbedingungen in nicht unerheblichem Maße zu psychischen Erkrankungen beitragen (vgl. Kap. 3).

Eine an Nachhaltigkeit orientierte Unternehmenspolitik zeichnet sich durch einen verantwortungsvollen Umgang mit menschlichen ebenso wie natürlichen Ressourcen aus (vgl. Kumbruck 2008, 185). Soziale Nachhaltigkeit im Zusammenhang mit Arbeit bedeutet einen schonenden Umgang mit der Ressource Mensch und damit ihrer körperlichen und psychischen Gesundheit (vgl. Becke 2008, 84). Verantwortungsbewusstsein und Engagement von Unternehmen im Hinblick auf Prävention, Früherkennung, Betreuung von Erkrankten sowie Reintegration sind folglich Bestandteil einer nachhaltigen Unternehmensführung.

Fazit und aktuelle Entwicklungen 5

Der Erhalt der psychischen Gesundheit von Mitarbeitern ist angesichts der dargelegten ökonomischen und sozialen Relevanz des Themas sowie der Aufmerksamkeit der Medien kein Thema, das im Rahmen des Dialogs mit den Anspruchsgruppen von von Unternehmen und Organisationen vernachlässigt werden kann. Meinungsführermedien berichten seit 2010 verstärkt über arbeitsbedingte psychische Erkrankungen, der Tenor im Hinblick auf Arbeitgeber ist überwiegend negativ. Diese Medien beeinflussen die öffentliche Debatte, indem sie Themen setzen (Agenda Setting) und bewerten (Framing) maßgeblich. Gesetzgeber und einflussreiche Anspruchsgruppen wie die IG Metall melden sich mit Forderungen gesetzlicher Regulierung von Arbeitsbedingungen und -organisation zu Wort und erhöhen den Druck durch die Verschärfung gesetzlicher Bestimmungen.

In ihrer Anti-Stress-Verordnung aus dem Jahr 2012 fordert die IG Metall nicht nur, bestehende Schutzlücken im Hinblick auf Gefährdungen bei psychischen Belastungen zu schließen, sondern auch, einen konkreten Handlungsrahmen für Arbeitgeber zu definieren und letztendlich Verstöße gegen Schutzbestimmungen entsprechend zu sanktionieren. Die Anti-Stress-Verordnung wurde in dieser Form seitens der Arbeitgeber abgelehnt. Die SPD-Fraktion brachte im März 2013 im Bundestag eine Gesetzesinitiative ein, die den Erhalt der Arbeitsfähigkeit der Beschäftigten sowie die Verringerung psychischer Belastungen in der Arbeitswelt im Rahmen eines umfangreichen Maßnahmenpakets avisiert (vgl. Deutscher Bundestag 2013). In diesem Zusammenhang wurde u. a. der Erlass einer Anti-Stress-(Rechts)Verordnung dem Vorstoß der IG Metall entsprechend vorgeschlagen, auf deren Basis Fehlverhalten im Hinblick auf psychische Belastungen Beschäftigter im Rahmen des Arbeitsschutzgesetzes (ArbSchG) sanktioniert werden kann. Das Arbeitsschutzgesetz sieht eine Geldstrafe oder Freiheitsstrafe bis zu einem Jahr bei vorsätzlicher Gefährdung von Gesundheit oder Leben von Beschäftigten vor (ArbSchG § 26) und ahndet Verstöße gegen Rechtsverordnungen in diesem Zusammenhang als Ordnungswidrigkeiten.

N. S. Roschker, *Psychische Gesundheit in der Arbeitswelt*, essentials,
DOI 10.1007/978-3-658-04416-9_5, © Springer Fachmedien Wiesbaden 2014

Das Arbeitsschutzgesetz wurde im Juni 2013 dahingehend novelliert, dass psychische Belastungen nun explizit im Rahmen der Gesundheitsgefährdung von Beschäftigten und deren Beurteilung genannt sind. Diese waren zuvor implizit eingeschlossen, der Gesetzgeber hat dies nun klargestellt und nennt nun ausdrücklich „physische und psychische" Belastungen bei der Arbeit (§ 4 Nr. 1 ArbSchG) die im Rahmen der Gefährdungsbeurteilung zu berücksichtigen sind (§ 5 Abs. 3 ArbSchG). Trotz gesetzlicher Vorgaben wird die Gefährdungsbeurteilung als Kernelement des Arbeitsschutzes verschiedenen Erhebungen zufolge in der Praxis nicht ausreichend oder gar völlig unzureichend umgesetzt: Einer Studie des Dachverbands der Gemeinsamen Deutschen Arbeitsschutzstrategie (GDA) zufolge führen nur knapp mehr als die Hälfte (51 %) aller Betriebe in Deutschland gesetzlich vorgeschriebenen Gefährdungsbeurteilungen durch, hierbei wurden Unternehmen ebenso wie Beschäftigte befragt. (vgl. GDA 2012, 5). Die GDA zielt als gemeinsame Initiative von Bund, Ländern und Unfallversicherungsträgern darauf ab, das bestehende komplexe Regelwerk sowie Arbeitsschutzmaßnahmen von Staat und Unfallversicherungsträgern einheitlich und transparent zu regeln, die Anzahl und Schwere von Arbeitsunfällen und berufsbedingten Erkrankungen zu verringern und die Präventionskultur in deutschen Unternehmen zu stärken (vgl. GDA 2013).

Der DGB Index Gute Arbeit 2012 hingegen kommt zu dem Ergebnis, dass nur neun Prozent aller Beschäftigen im Rahmen einer Gefährdungsbeurteilung gefragt wurden, welchen psychischen Stressfaktoren sie sich im Zusammehang mit ihren Arbeitsbedingungen, -abläufen und -aufgaben ausgesetzt sehen (vgl. Kulemann 2013, 11). Das Bundesministerium für Arbeit und Soziales (BMAS), die Bundesvereinigung der Deutschen Arbeitgeberverbände (BDA) und der Deutsche Gewerkschaftsbund (DGB) und haben im September 2013 nach der Novellierung des Arbeitsschutzgesetzes eine gemeinsame Erklärung zum Thema psychische Gesundheit in der Arbeitswelt veröffentlicht. Der Vorstoß einer solchen gemeinsamen Erklärung scheiterte nach Angaben des DGB zuletzt im Januar 2013 an der Blockade der Arbeitgeberseite (vgl. DGB 2013). Der Präsident der Bundesvereinigung der Deutschen Arbeitgeberverbände (BDA), Dr. Dieter Hundt, begründete die in seiner Rede vom 29. Januar 2013 die ablehnende Haltung der Arbeitgeberseite u. a. damit, dass psychische Erkrankungen „vorschnell auf angebliche immer stärkere Arbeitsbelastungen, auf mehr Stress, Druck und Hetze zurückgeführt werden" (BDA 2013).

Trotz etlicher inhaltlicher Differenzen besteht nun offenbar Konsens dahingehend, dass psychische Belastungen und ihre Folgen beim Arbeitsschutz ebenso beachtet werden müssen, mittels der Gefährdungsbeurteilung zukünftig frühzeitig erkannt und mit geeigneten Maßnahmen bestmöglich verringert werden sollen. Als Zeitrahmen hierfür nennen die Unterzeichner fünf Jahre, als geeigneten Rahmen die Programme und Maßnahmen der GDA, die ebenfalls bis Ende des Jahres 2018 umgesetzt sein sollen (vgl. BMAS 2013b).

In welchem Maße und wie rasch sich die gegenwärtigen Entwicklungen im Arbeitsalltag auf die Gesunderhaltung der Beschäftigten auswirken, werden u. a. die Gesundheitsberichte der Krankenkassen der nächsten Jahre zeigen. Ob und wie Unternehmen selbst das Thema Gesundheit ganzheitlich im Zusammenhang mit ihrer Berichterstattung aufgreifen, zeigt u. a. eine Benchmark-Analyse der DAX 30, die Teil des Gesamtwerks „Psychische Gesundheit als Tabuthema in der Arbeitswelt ist, auf welchem dieser Beitrag beruht.

Literatur

AccountAbility UK, Hrsg. 2008. AA1000 Prüfungsstandard 2008. http://www.accountability. org/images/content/5/0/502.pdf. Zugegriffen: 08. März 2012.

Ansoff, Harry Igor, und Edward. J. McDonnell. 1990. *Implanting strategic management.* Hertfordshire, UK.

Astheimer, Sven. 2012. Volkskrankheit Burnout. Die ausgebrannte Republik in faz.net, 01.02.2012. http://www.faz.net/aktuell/wirtschaft/volkskrankheit-burnout-die-ausge-brannte-republik-11627772.html. Zugegriffen: 13. März 2012.

Badura, Bernhard, und Mika Steinke. 2011. *Die erschöpfte Arbeitswelt. Durch eine Kultur der Achtsamkeit zu mehr Energie, Kreativität.* Gütersloh: Wohlbefinden und Erfolg.

Badura, Bernhard, und Thomas Altgeld. 2010. Fehlzeiten-Report 2010. Vielfalt managen: Gesundheit fördern – Potenziale nutzen. Zahlen, Daten, Analysen aus allen Branchen der Wirtschaft, Heidelberg.

Barmer GEK, Hrsg. 2013. GEK Report Krankenhaus 2013: Berlin. http://www.barmer-gek. de/barmer/web/Portale/Versicherte/Rundum-gutversichert/Infothek/Wissenschaft-Forschung/Reports/Report-Krankenhaus-2013/Report-Krankenhaus2013,property=Data. pdf. Zugegriffen: 13. Sept. 2013.

Bauernfeind, Raik. 2007. *Corporate Social Responsiblity- und Nachhaltigkeitsberichterstattung. Grundlagen und Bewertungsverfahren – Eine Analyse international führender Berichte.* Saarbrücken.

Becke, Guido. Hrsg. 2008. *Soziale Nachhaltigkeit in flexiblen Arbeitsstrukturen. Problemfelder und arbeitspolitische Gestaltungsperspektiven.* Berlin.

BKK Bundesverband, Hrsg. 2012. BKK Faktenspiegel 09/2012. Essen: http://www.bkk-herkules.de/pdf/faktenspiegel/BKK_FS_September_2012_Gesundheitsreport.PDF. Zugegriffen: 13. Sept. 2013.

Bonfadelli, Heinz, und Thomas Friemel. 2011. *Medienwirkungsforschung.* München: Konstanz.

Brandl, Sebastian. (2006): *Deutsches Modell oder globalisiertes Arrangement? Transformation industrieller Beziehungen und soziale Nachhaltigkeit.* Berlin.

Brandl, Sebastian, und Eckart Hildebrand. 2002. Zukunft der Arbeit und soziale Nachhaltigkeit. Zur Transformation der Arbeitsgesellschaft vor dem Hintergrund der Nachhaltigkeitsdebatte. In *Soziologie & Ökologie*, Hrsg. Brand, Karl Werner und Eckart Hildebrandt. Bd. 8. Opladen.

Brenscheidt, Frank, et al. 2012. Arbeitswelt im Wandel. Zahlen-Daten-Fakten. Ausgabe 2012. Bundesanstalt für Arbeitsschutz und Arbeitsmedizin BAuA (Hrsg.). Dortmund: http://

N. S. Roschker, *Psychische Gesundheit in der Arbeitswelt*, essentials, DOI 10.1007/978-3-658-04416-9, © Springer Fachmedien Wiesbaden 2014 www.baua.de/de/Publikationen/Broschueren/A81.pdf?__blob=publicationFile&v=5. Zugegriffen: 17. Juli 2012.

Brenscheidt, Frank, et al. 2011. Arbeitswelt im Wandel. Zahlen-Daten-Fakten. Bundesanstalt für Arbeitsschutz und Arbeitsmedizin (BAuA) (Hrsg.)(2011). Dortmund: http://www.baua.de/de/Publikationen/Broschueren/A74.html. Zugegriffen: 23. Nov. 2011.

Bruckner, Harald, et al. 2010. *Erfolgsfaktor gesunde Arbeit. Arbeitswissenschaftliche Fakten für die betriebliche Praxis*. Wien.

Bundesanstalt für Arbeitsschutz und Arbeitssicherheit (BAuA), Hrsg. 2013a. Forschung: BAuA veröffentlicht Stressreport Deutschland 2012. Multitasking, Zeitdruck, Monotonie und Störungen nehmen nach wie vor Spitzenplätze ein. Pressemitteilung vom 29.01.2013: http://www.baua.de/de/Presse/Pressemitteilungen/2013/01/pm008-13.html?nn=3540906. Zugegriffen: 24. Sept. 2013.

Bundesanstalt für Arbeitsschutz und Arbeitssicherheit (BAuA), Hrsg. 2013b. Stressreport Deutschland 2012. Psychische Anforderungen, Ressourcen und Befinden. 1. Auflage. Dortmund: http://www.baua.de/de/Publikationen/Fachbeitraege/Gd68.pdf?__blob=publicationFile. Zugegriffen: 16. Sept. 2013.

Bundesministerium für Arbeit und Soziales (BMAS), Hrsg. 2013a. Stark werden gegen Stress in der Arbeitswelt. Pressemitteilung vom 29.01.2013: http://www.bmas.de/DE/Service/Presse/Pressemitteilungen/psychische-gesundheit-veranstaltung-2013-01-29.html. Zugegriffen: 15. Sept. 2013.

Bundesministerium für Arbeit und Soziales (BMAS), Hrsg. 2013b. Gemeinsam gegen Stress bei der Arbeit. Pressemitteilung vom 05.09.2013: http://www.bmas.de/DE/Service/Presse/Pressemitteilungen/psychische-belastung-erklaerung.html. Zugegriffen: 15. Sept. 2013.

Bundesministerium für Arbeit und Soziales (BMAS), Bundesvereinigung der Deutschen Arbeitgeberverbände (BDA) & Deutscher Gewerkschaftsbund (DGB), Hrsg. 2013. Gemeinsame Erklärung Psychische Gesundheit in der Arbeitswelt. Berlin: http://www.bmas.de/SharedDocs/Downloads/DE/PDF-Pressemitteilungen/gemeinsame-erklaerung-psychische-gesundheit-in-der-arbeitswelt.pdf?__blob=publicationFile. Zugegriffen: 27. Sept. 2013.

Bundesministerium für Arbeit und Soziales (BMAS), Hrsg. 2011. Lösungswege aufzeigen. Bundesministerin für Arbeit und Soziales Ursula von der Leyen im Interview mit der Saarbrücker Zeitung vom 27. Dezember 2011: http://www.bmas.de/DE/Service/Presse/Interviews/interview-vdl-saarbruecker-zeitung-2011_12_27.html. Zugegriffen: 07. März 2012.

Bundesministerium für Arbeit und Soziales (BMAS) & Bundesanstalt für Arbeitsschutz und Arbeitsmedizin (BAuA), Hrsg. 2013. Sicherheit und Gesundheit bei der Arbeit 2011. Unfallverhütungsbericht Arbeit. Dortmund: http://www.baua.de/suga. Zugegriffen: 16. März 2013.

Bundespsychotherapeutenkammer (BPtK), Hrsg. 2010. Komplexe Abhängigkeiten machen psychisch krank – BPtK Studie zu psychischen Belastungen in der modernen Arbeitswelt. Presskonferenz der Bundespsychotherapeutenkammer am 23. März 2010. Berlin: http://www.bptk.de/fileadmin/user_upload/Publikationen/BPtK-Studien/belastung_moderne_arbeitswelt/20100323_belastung-moderne-arbeitswelt_bptk-studie.pdf. Zugegriffen: 12. März 2012.

Bundesverband Informationswirtschaft, Telekommunikation und neue Medien e. V. (Bitkom), Hrsg. 2011. Erreichbarkeit ist für die meisten selbstverständlich. Pressemitteilung vom 03.07.2011. http://www.bitkom.org/de/markt_statistik/64054_68489.aspx. Zugegriffen: 04. Sept. 2013.

Bundesvereinigung der Deutschen Arbeitgeberverbände (BDA), Hrsg. 2013. Psychische Gesundheit in der Arbeitswelt – die Perspektive der Arbeitgeber. Rede von Arbeitgeberpräsident Dr. Dieter Hundt vom 29.01.2013. Berlin: http://www.arbeitgeber.de/www/arbeitgeber.nsf/res/529AA52F50736C79C1257B02003C93FB/$file/Rede_DH-Psychische-Gesundheit-in-der-Arbeitswelt.pdf. Zugegriffen: 21. Sept. 2013.

Cassel-Gintz, Martin, und Dorothee Harenberg. 2002. *Syndrome des globalen Wandels*. Berlin.

DAK Gesundheit, Hrsg. 2013a. DAK-Gesundheitsreport 2013: DAK-Gesundheit fordert sachliche Debatte über psychische Krankheiten. Pressemeldung vom 26.02.2013: http://www.presse.dak.de/ps.nsf/sbl/176723B60A3E7771C1257B18002E98EE?. Zugegriffen: 15. Sept. 2013.

DAK Gesundheit, Hrsg. 2013b. DAK Gesundheitsreport 2013. Pressebild – Überproportionaler Anstieg der Fehltage aufgrund psychischer Erkrankungen: http://www.presse.dakde/ps.nsf/sbl/176723B60A3E7771C1257B18002E98EE. Zugegriffen: 15. Sept. 2013.

DAK Gesundheit, Hrsg. 2013c. DAK Gesundheitsreport 2013. Hamburg. http://www.presse.dak.de/ps.nsf/Show/998583CFE0F4B967C1257B18004DA198/$File/Gesundheitsreport_2013_Druckfassung%2015.2.2013.pdf. Zugegriffen: 15. März 2013.

DAK Gesundheit, Hrsg. 2013d. DAK Gesundheitsreport 2013, Präsentation zum DAK Gesundheitsreport 2013. Der Krankenstand der DAK-Mitglieder 2012. Schwerpunktthema Psychische Erkrankungen, 17. http://www.presse.dak.de/ps.nsf/Show/3E88F04C680425F9C1257B18004DEC08/$File/130226_IGES_Praesentation_ueberarbeitet_final_I.pdf. Zugegriffen: 23. Sept. 2013.

Deutsche Gesellschaft für Personalführung e. V. (DGFP), Hrsg. 2013. Megatrends und HR-Trends 2013. Praxispapier 03/2013. Düsseldorf: http://static.dgfp.de/assets/publikationen/2013/DGFP-Studie-Megatrends-und-HR-Trends2013.pdf. Zugegriffen: 14. Sept. 2013.

Deutscher Bundestag, Hrsg. 2013. Drucksache 17/12818 vom 19. März 2013: Antrag zum Erhalt der Arbeitsfähigkeit von Beschäftigten und zur Reduktion psychischer Belastungen in der Arbeitswelt: http://dip21.bundestag.de/dip21/btd/17/128/1712818.pdf. Zugegriffen: 15. Sept. 2013.

Deutscher Gewerkschaftsbund (DGB), Hrsg. 2013. Arbeitgeber-Blockade. Klare Regeln gegen Psychostress nötig. Pressemitteilung vom 29.01.2013: http://www.dgb.de/presse/++co++f0ea7af0-69ed-11e2-a1d0-00188b4dc422. Zugegriffen: 22. Sept. 2013.

DGB Index Gute Arbeit GmbH, Hrsg. 2012. Arbeitshetze, Arbeitsintensivierung, Entgrenzung – Kerndaten der Erhebung. http://www.dgb-index-gute-arbeit.de/downloads/bilddatenbank/data/abb_1.jpg. Zugegriffen: 14. Sept. 2013.

Dicke, Wolfgang. 2007. Mit Sicherheit mehr Gewinn. Wirtschaftlichkeit von Gesundheit und Sicherheit bei der Arbeit. Bundesanstalt für Arbeitsschutz und Arbeitsmedizin (BAuA) (Hrsg.). Dortmund: http://www.baua.de/de/Publikationen/Broschueren/A14.pdf;jsessionid=0AD7FFADF06BC1F7DE875B619B00F7CF.1_cid253?__blob=publicationFile&v=7. Zugegriffen: 20. Nov. 2011.

Fissler, Ernst Rudolf, und Regina Krause. 2010. Absentismus, Präsentismus und Produktivität, 411–426. In *Betriebliche Gesundheitspolitik. Der Weg zur gesunden Organisation*, Hrsg. Bernhard Badura et al. Berlin.

Fuchs, Tatjana. 2004. Was ist gute Arbeit? Anforderungen aus der Sicht von Erwerbstätigen. Konzeption und Auswertung einer repräsentativen Untersuchung. Initiative Neue Qualität der Arbeit (INQA) (Hrsg.). Dortmund: http://www.inqa.de/Inqa/Redaktion/Zentralredaktion/PDF/Publikationen/inqa-19-was-ist-gute-arbeit, property=pdf, bereich=inqa, sprache=de, rwb=true.pdf. Zugegriffen: 21. Feb. 2012.

Gallup GmbH, Hrsg. 2013. Präsentation zum Gallup Engagement Index 2012: http://www.gallup.com/strategicconsulting/160904/praesentation-gallup-engagement-index-2012.aspx. Zugegriffen: 16. März 2013.

Gebele, Niklas. 2009. Arbeit und Gesundheit: Zur objektiven Erfassung von Tätigkeitsmerkmalen nach dem Job Demand-Controll Modell. Dissertation. Marburg. http://archiv.ub.uni-marburg.de/diss/z2010/0089/pdf/dng.pdf. Zugegriffen: 13. Mai 2012.

Gebhard, Matthias. 2007. *Issuesuche, -identifikation und -selektion in Unternehmen. Einschränkungen und Lösungsansätze.* Hamburg.

Gemeinsame Deutsche Arbeitsschutzstrategie (GDA), Hrsg. 2012. Zweiter Zwischenbericht zur Dachevaluation der Gemeinsamen Deutschen Arbeitsschutzstrategie GDA. Hamburg. http://www.gda-portal.de/de/pdf/GDA-Dachevaluation_Zwischenbericht-kurz.pdf?__blob=publicationFile&v=3. Zugegriffen: 12. Sept. 2013.

Gemeinsame Deutsche Arbeitsschutzstrategie (GDA), Hrsg. 2013. Startseite: http://www.gda-portal.de/de/Startseite.html. Zugegriffen: 23. Sept. 2013.

Hans-Böckler-Stiftung, Hrsg. 2012. Prekäre Selbstständigkeit: http://www.boeckler.de/cps/rde/xchg/hbs/hs.xsl/themen_showpicture.htm?id=41794&chunk=1. Zugegriffen: 13. Sept. 2013.

Hans-Böckler-Stiftung, Hrsg. 2011. Wenn der Job krank macht: http://www.boeckler.de/themen_32963.htm. Zugegriffen: 17. März 2012.

Hoffmann, Tim. 2011. *Unternehmerische Nachhaltigkeitsberichterstattung. Eine Analyse des GRI G 3.1 Berichtsrahmens.* Lohmar: Josef Eul Verlag Gmbh.

Hoyer, Christel, und, Ferdinand Leist. 2011. Psychisch beanspruchte Mitarbeiter ansprechen, 29–33. In *Mit psychisch beanspruchten Mitarbeitern umgehen – ein Leitfaden für Führungskräfte und Personalmanager.* Praxis-Papier 6/2011, Hrsg. Deutsche Gesellschaft für Personalführung e. V. (DGFP). http://static.dgfp.de/assets/publikationen/2011/Umgang-mit-psychischer-Beanspruchung-Leitfaden.pdf. Zugegriffen: 03. März 2012.

IG Metall Vorstand, Hrsg. 2012a. *Anti-Stress-Verordnung. Eine Initiative der IG Metall.* Frankfurt am Main. http://www.igmetall.de/Anti%20Stress%20Verordnung_823fec42e04c2df48b8ba2263afc982f4be611a6.pdf. Zugegriffen: 24. Sept. 2013.

IG Metall Vorstand, Hrsg. 2012b. IG Metall fordert Verordnung zum Schutz von psychischen Gefährdungen bei der Arbeit. Pressemitteilung 04/2012. http://www.igmetall.de/cps/rde/xchg/SID-E1CA3B30-DF9F3460/internet/style.xsl/9281-9352.htm Zugegriffen: 03. März 2012.

Joiko, Karin, et al. 2010. *Psychische Belastung und Beanspruchung im Berufsleben: Erkennen und Gestalten.* Dortmund: Bundesanstalt für Arbeitsschutz und Arbeitsmedizin (BAuA).

Jung, Thomas. 2011. *Reduzierung von Burnout bei Mitarbeitern. Ein betriebliches Konzept zur Burnout-Prävention durch zielgerichtete Personalführung.* Saarbrücken: VDM.

Kepplinger, Hans Mathias. 2010. *Medieneffekte. Theorie und Praxis öffentlicher Kommunikation.* Wiesbaden: VS Verlag für Sozialwissenschaften.

Keupp, Heiner, und Helga Dill. Hrsg. 2010. *Erschöpfende Arbeit. Gesundheit und Prävention in der flexiblen Arbeitswelt.* Bielefeld: transcript.

Kissling, Werner, und Rosemarie Mendel. 2010. Psychische Gesundheit am Arbeitsplatz. Präsentation vom 09.08.2010. Centrum für Disease Management, Technische Universität München. München: http://www.bgm-bielefeld.de/downloads/ws101011bgm0006.pdf. Zugegriffen: 03. März 2012.

Kleinschmidt, Carola. 2011. Kein Stress mit dem Stress. Eine Handlungshilfe für Führungskräfte. Bundesanstalt für Arbeitsschutz und Arbeitsmedizin (BAuA) (Hrsg.). Dortmund: http://www.inqa.de/SharedDocs/PDFs/DE/Publikationen/psyga-kein-stress-mit-dem-stress-fuehrungskraefte.pdf?__blob=publicationFile. Zugegriffen: 02. Feb. 2012.

Kramer, Ina, et al. 2013. Präsentismus: Verlust von Gesundheit und Produktivität. iga – Fakten Nr. 6. 1. Auflage 07/2013. Initiative Gesundheit und Arbeit: AOK Bundesverband, BKK Bundesverband, Deutsche Gesetzliche Unfallversicherung (DGUV) & Verband der Ersatzkassen (vdek) (Hrsg.). http://www.iga-info.de/fileadmin/Veroeffentlichungen/iga-Fakten_Praeventionsempfehlungen/iga-Fakten_6_Praesentismus.pdf. Zugegriffen: 13. Sept. 2013.

Krohn, Philipp. 2011. Psychische Krankheiten. Die Wirtschaft entdeckt den Burn-out, FAZ. NET vom 22.10.2011. http://www.faz.net/aktuell/wirtschaft/unternehmen/psychische-krankheiten-die-wirtschaft-entdeckt-den-burn-out-11484622.html. Zugegriffen: 22. Feb. 2012.

Kulemann, Peter. 2013. Arbeitsfähig bis zur Rente? DGB-Index Gute Arbeit – Der Report. Ergebnisse der Repräsentativumfrage 2012 zur Ermittlung des DGB-Index Gute Arbeit. Institut DGB-Index Gute Arbeit (Hrsg.). Berlin: http://www.dgb-index-gute-arbeit.de/downloads/publikationen/data/dgb-index-gute-arbeit-arbeitsfaehig-bis-zur-rente.pdf. Zugegriffen: 22. Sept. 2013.

Kumbruck, Christel. 2008. Neue Belastungen für Wissensarbeiter – durch Internalisierung von Flexibilitätserfordernissen in Kooperations- und Innovationsprozessen, 185–199. In *Soziale Nachhaltigkeit in flexiblen Arbeitsstrukturen. Problemfelder und arbeitspolitische Gestaltungsperspektiven*, Hrsg. Guido Becke. Berlin: Lit.

Lanz, Caroline. 2010. *Burnout aus ressourcenorientierter Sicht im Geschlechtervergleich. Eine Untersuchung im Spitzenmanagement in Wirtschaft und Verwaltung.* Zürich: Vs Verlag Fur Sozialwissenschaften.

Liebl, Franz. 2001. Vom Trend zum Issue – Die Matrix des Neuen, 11–42. In *Trends – Issues – Kommunikation. Unternehmensstrategien im Umgang mit Neuem*, Hrsg. Rolf Gerling et al. München.

Lütgens, Stefan. 2002. *Potentiellen Krisen rechtzeitig begegnen – Themen aktiv gestalten. Strategische Unternehmenskommunikation durch Issues Management.* Schifferstadt.

Marquart, Maria. 2011. Massenleiden Burnout. Wie Firmen ihre Spitzenkräfte verbrennen: Spiegel online, 24.01.2011. http://www.spiegel.de/wirtschaft/service/massenleiden-burnout-wie-firmen-ihre-spitzenkraefte-verbrennen-a-740853.html. Zugegriffen: 22. Feb. 2011.

Mendel, Rosemarie, et al. 2010. Vom Tabu zum Kostenfaktor – warum die Psyche plötzlich ein Thema für Unternehmen geworden ist. *Wirtschafts-Psychologie aktuell* 2/2010: 23–27.

Moldaschl, Manfred, Hrsg. 2007. *Verwertung immaterieller Ressourcen. Nachhaltigkeit von Unternehmensführung und Arbeit I. München und Mering.*

Öchsner, Thomas. 2011. Psychische Belastung im Job. Wider den modernen Arbeitssklaven. In: sueddeutsche.de. http://www.sueddeutsche.de/karriere/psychische-belastung-im-job-wider-dem-modernen-arbeitssklaven-1.1165763. Zugegriffen: 25. Feb. 2012.

Richter, Gabriele. 2010. Toolbox Version 1.2. Instrumente zur Erfassung psychischer Belastungen. Bundesanstalt für Arbeitsschutz und Arbeitsmedizin (BAuA) (Hrsg.). Dortmund. http://www.baua.de/de/Publikationen/Fachbeitraege/F1965.html. Zugegriffen: 18 März 2012.

Riechert, Ina. 2011. *Psychische Störungen bei Mitarbeitern. Ein Leitfaden für Führungskräfte und Personalverantwortliche.* Berlin.

Sauer, Stefan. 2012. Unternehmen hilflos bei Burnout und Co. Die ständige Erreichbarkeit durch Smartphone und Computer überfordert viele in. Frankfurter Rundschau vom 25.07.2012: http://www.fr-online.de/wirtschaft/psychische-erkrankungen-unternehmen-hilflos-bei-burnout-und-co-,1472780,16709012.html. Zugegriffen: 12. Sept. 2013.

Schmidt, Jana, und Helmut Schröder. 2010. Präsentismus – krank zur Arbeit aus Angst vor Arbeitsplatzverlust In Fehlzeiten Report 2009. Arbeit und Psyche, Berlin und Heidelberg, Hrsg. Badura, Bernhard, et al., 93–100.

Sedlacek, Bronia. 2011. DGFP-Studie: Psychische Beanspruchung von Mitarbeitern und Führungskräften. Praxispapier 2/2011. Deutsche Gesellschaft für Personalführung e. V. (Hrsg.). Düsseldorf: http://static.dgfp.de/assets/empirischestudien/2011/02/dgfp-studie-psychische-beanspruchung-von-mitarbeitern-1290/dgfp-studie-psychische-beanspruchung.pdf. Zugegriffen: 26. Nov. 2011.

Siegrist, Johannes. 2012. Burnout – Der Preis für die Leistungsgesellschaft. Gratifikationskrisen am Arbeitsplatz und ihre Folgen. DGPPN Hauptstadtsymposium 07.03.2012, Berlin: http://www.dgppn.de/fileadmin/user_upload/_medien/dokumente/dgppn-veranstaltungen/2012-03-07-hs-burnout/praesentationsfolien-siegrist.pdf. Zugegriffen: 15. Juni 2012.

Siegrist, Johannes. 2007. Chronic psychological stress at work and risk of depression: evidence from prospective studies. European Archives of Psychiatry and Clinical Neuroscience 258 (Suppl 5): 115–119. http://www.springerlink.com/content/?k=European+Archives+of+Psychiatry+and+Clinical+Neuroscience+(au%3a(siegrist)+OR+ed%3a(siegrist). Zugegriffen: 13. April 2012.

Sockoll, Ina, Ina Kramer, und Wolfgang Bödecker. 2008. Wirksamkeit und Nutzen betrieblicher Gesundheitsförderung und Prävention. Zusammenstellung der wissenschaftlichen Evidenz 2000 bis 2006. IGA-Report 13. BKK Bundesverband (Hrsg.). http://www.iga-info.de/fileadmin/Veroeffentlichungen/iga-Reporte_Projektberichte/iga-report_13_Wirksamkeit_Gesundheitsfoerderung_Praevention_Betrieb.pdf. Zugegriffen: 14. Mai 2012.

Statista GmbH, Hrsg. 2013. Direkte Kosten psychischer Erkrankungen in Deutschland nach Krankheitsarten in den Jahren 2002 bis 2012 (in Milliarden Euro): http://de.statista.com/statistik/daten/studie/246590/umfrage/direkte-kosten-psychischer-erkrankungen-in-deutschland-nach-krankheitsart/. Zugegriffen: 16. März 2013.

Statistisches Bundesamt, Hrsg. (o. J.) Herz-Kreislauf-Erkrankungen verursachen die höchsten Krankheitskosten. Wiesbaden. https://www.destatis.de/DE/ZahlenFakten/GesellschaftStaat/Gesundheit/Krankheitskosten/Aktuell.html. Zugegriffen: 13. Sept. 2013.

Sueddeutsche de (o.V.) 2011. Burn-out: „Hier tickt eine gesellschaftliche Zeitbombe". http://www.sueddeutsche.de/karriere/burn-out-hier-tickt-eine-gesellschaftliche-zeitbombe-1.1150149. Zugegriffen: 22. Feb. 2011.

Techniker Krankenkasse (TK), Hrsg. 2013. Gesundheitsreport 2013. Berufstätigkeit, Ausbildung und Gesundheit. Hamburg: http://www.tk.de/centaurus/servlet/contentblob/516416/Datei/83065/Gesundheitsreport-2013.pdf. Zugegriffen: 15. Sept. 2013.

Techniker Krankenkasse (TK), Hrsg. 2011a. Meinungspuls Seelische Gesundheit. Infografik Stress: http://www.tk.de/centaurus/servlet/contentblob/387784/Datei/64682/TK_Infografik_Stress.jpg. Zugegriffen: 17. Sept. 2013.

Techniker Krankenkasse (TK), Hrsg. 2011b. Gesundheitsreport. Gesundheitsveränderungen bei jungen Erwerbstätigen und Studierenden. Hamburg: http://www.tk.de/centaurus/servlet/contentblob/281898/Datei/61603/Gesundheitsreport-2011.pdf. Zugegriffen: 24. Nov. 2011.

Techniker Krankenkasse (TK), Hrsg. 2009. Je größter der Stress, desto kränker. Angaben zu Krankheiten nach Stresspegel: http://www.tk.de/centaurus/servlet/contentblob/164618/Datei/18732/TK_Infografik_Stress.jpg. Zugegriffen: 12. März 2012.

Weber, Christian. 2011. Die Burn-Out-Hysterie. Süddeutsche Zeitung vom 22.12.2011. http://archiv.sueddeutsche.de/sueddz/index.php?id=A50353093_EGTPOGWPOOOP-WWGSPESEPTE. Zugegriffen: 04. Jan. 2012.

Wilke, Jürgen. Hrsg. 1999. *Mediengeschichte der Bundesrepublik Deutschland*. Köln.

World Health Organization(WHO), Hrsg. 2012. Health topics. Mental disorders: http://www.who.int/topics/mental_disorders/en/. Zugegriffen: 18. Feb. 2012

World Health Organization (WHO), Hrsg. 2011. Mental health:a state of wellbeing. http://www.who.int/features/factfiles/mental_health/en/. Zugegriffen: 07. März 2012.

World Health Organization (WHO), Hrsg. 1986. Ottawa-Charta zur Gesundheitsförde rung 1986, 1. http://www.euro.who.int/__data/assets/pdf_file/0006/129534/Ottawa_Charter_G.pdf. Zugegriffen: 03. März 2012.

World Health Organization (WHO), Hrsg. 1946. Constitution of the World Health Organization: http://apps.who.int/gb/bd/PDF/bd47/EN/constitution-en.pdf. Zugegriffen: 07. März 2012.

Zoike, Erika. 2010. BKK Gesundheitsreport 2010. Gesundheit in einer älter werdenden Gesellschaft. BKK Bundesverband (Hrsg.). Essen: http://www.dngfk.de/fileadmin/user_upload/website/dngfk/psyGA/Literatur/BKK_Gesundheitsreport_2010.pdf. Zugegriffen: 25. Nov. 2011.

Zok, Klaus. 2011. Führungsverhalten und Auswirkungen auf die Gesundheit der Mitarbeiter – Analyse von WIdO-Mitarbeiterbefragungen, 27–37. In (2011): Fehlzeiten-Report 2011. Zahlen, Daten, Analysen aus allen Branchen der Wirtschaft. Führung und Gesundheit, Hrsg. Bernhard Badura et al. Berlin, Heidelberg, New York.

Rechtsquellenverzeichnis

Arbeitsgerichtsgesetz (ArbGG) in der Fassung der Bekanntmachung vom 02.07.1979 (BGBl. I 853, 1036), zuletzt geändert durch Gesetz vom 24.11.2011 (BGBl. I 2302) m. W. v. 03.12.2011. http://dejure.org/gesetze/ArbGG. Zugegriffen: 22. Mai 2012.

Arbeitsschutzgesetz (ArbSchG): Gesetz über die Durchführung von Maßnahmen des Arbeitsschutzes zur Verbesserung der Sicherheit und des Gesundheitsschutzes der Beschäftigten bei der Arbeit vom 01.04.2009. http://dejure.org/gesetze/ArbSchG. Zugegriffen: 22. Mai 2012.

Arbeitszeitgesetz (ArbZG) Artikel 1 des Gesetzes vom 06.06.1994 (BGBl. I 1170), in Kraft getreten am 01.07.1994 zuletzt geändert durch Gesetz vom 21.07.2012 (BGBl. I 1583) m.W.v. 26.07.2012: http://dejure.org/gesetze/ArbZG. Zugegriffen: 13. Marz 2012.

Heimarbeitsgesetz (HAG) der im Bundesgesetzblatt Teil III, Gliederungsnummer 804-1 veröffentlichten und bereinigten Fassung das zuletzt durch Artikel 225 der Verordnung vom 31. Oktober 2006 (…) geändert worden ist: http://www.gesetze-im-internet.de/hag/index.html. Zugegriffen: 22. Mai 2012.